著作権2.0

ウェブ時代の文化発展をめざして

名和小太郎

Nawa Kotaro

NTT出版

はじめに

この数年、「著作権」は日常的な話題となってしまった。ファイル交換ソフト、放送番組のネット配信、デジタル・アーカイブスなど。その著作権とは、じつは、書籍も音楽も映画も芝居も地図も絵画も建築も、またコンピュータ・プログラムもデータベースもゲームソフトもコントロールできる万能的な権利である。その著作権という権利の実体は何か。これをその本来の理念と突き合わせて考えてみたい。あわせてその次世代の姿を「著作権２・０」として提案してみたい。これが著者の目論見である。

まず、著作権法の第一条を引用しよう。

この法律は、……著作者等の権利の保護を図り、もつて文化の発展に寄与することを目的とする。

ここには、著作権法の目的として「著作者等の権利の保護」と「文化の発展への寄与」との二つが示されている。この二つの目的は両立する場合もあるが、背反する場合もある。この本は、この両立と背反とについて、それを論争の記録として紹介するものである。論争の記録という形にしたのは、著者が二つの目的のどちらかに肩入れするということではなく、双方の言い分を客観的に示したかったからである。

「著作者等の権利の保護」に関心をもつのは、業として著作権に賭けている人びと、つまりコンテンツの創作者、事業者や法律家諸氏である。いっぽう「文化の発展への寄与」に関心をもつのは、どちらかと言えば非専門家として著作権にかかわる人びと、つまりプロシューマ、あるいはハッカー、ウィキペディアン、さらには一般の学生、学術研究者ということになる。この本は読者としてこのような非専門家を想定している。

話を進める。読者諸姉兄は「著作者等の権利の保護」と「文化の発展への寄与」について、双方の両立と背反とは何か、といぶかるかもしれない。それを質問の形にまとめると、つぎのようになるはずである。

- 著作権を強化することによって、著作者と著作権ビジネスとを活性化することができるか？
- 著作権を強化することによって、著作物に対する海賊行為を抑止することができるか？

・著作権を強化することによって、著作物の有効利用を減少することにはならないか？
・著作権を強化することによって、誰かのもつ表現の自由を抑圧することはないか？
誰かのもつプライバシーを侵害することはないか？

著者の意図は、これらの課題を論争として紹介することにある。このために著者は、歴史を遡り、それを論争の発端時の形で示そうと試みた。およそ課題というものは、その最初の時点において、粗削りではあっても明確な形で現れるからである。また論争というものは、その進行とともに洗練され、枝葉末節にわたり、非専門家には理解しがたいものとなるからである。

ということで、この本の構成を示すと、それは著作権の現代史といった形になっている。まず、現状を確認する。これが第一部。つぎに、著作権制度のキーワードを整理する。ここが第二部。さらに過去半世紀の流れをたどり、なぜ現在の込み入った状況が生じたかを検討する。ここが第三部。最後に、過去、現在の流れから近未来の姿を予測する。話題は歴史から予測へと飛躍する。これが第四部。

ここで、この本の書きぶりについてひと言。この本は非専門家の著者が法律を語るという趣向になっている。だが、著者は法律家のように精緻かつ錯綜する論理を使いこなす力量をもっていない。だから、その代わりに、この本ではまず要点を示し、章を追うにしたがって論旨を練りあげる、という方法をとりたい。つまり、「第ゼロ次近似→第一次近似→第二次近似→……」というように話を詰めていきたい。ついでに言うと、これは技術者の方法でもある。

もう一つ。この本においては米国の事例や論文をあれこれと参照した。米国においては、先進的な事例が出現したり、奔放な議論が出版されたり、そうしたことが多いからである。これに対して、日本における事例や議論は、より正統的、より専門的、より禁欲的である。

なぜ、技術者風情の私が著作権についてあげつらうのか。これを示しておきたい。私は一九八〇年代半ばから二〇年間にわたって著作権審議会の末席にいた。前半はデータベース事業者の代表として、後半は一人の研究者としてであった。この間、私は著作権について三冊の本を世に問うことができた。ただし、私自身が非専門家であるということがあり、いずれの本においても、私には率直さにおいて若干の遠慮があった。ところがこの数年、法学専門家が著作権法の見直しを大っぴらに論じるようになった。この流れのなかで、私も自分の率直さを示したいと考えた。それがこの本の第四部となった。

私は退役した身分であり、実世界の何やかやに疎くなった。そのような私を社会のなかに引き出して、あれこれの刺激をくださった方がたは少なくない。この本に関してそのような方がたのお名前をここに掲げたい。赤田康和さん（朝日新聞社）、上野千鶴子さん（東京大学）、遠藤薫さん（学習院大学）、大谷和子さん（日本総合研究所）、大谷卓史さん（吉備国際大学）、小野寺夏生さん（情報科学技術協会）、加藤信哉さん（東北大学）、上村圭介さん（国際大学）、城所岩生さん（国際大学）、柴野京子さん（相模女子大学）、新宅純二郎さん（東京大学）、椙山敬士さん（弁護士）、津田大介さん（think-C事務局）、時実象一さん（愛知大学）、永方裕子さん（棚俳句会）、長尾真さん（国立国会図書館）、野間豊さん（学術著作権協会）、林紘一郎さん（情報セキュリティ大学院大学）、牧野二郎さん（弁護士）、増田聡さん（大阪市立大学）、松田政行さん（弁護士）、皆川登紀子さん（科学技術振興機構）、矢野直明さん（サイバー大学）、龍澤武さん（東アジア出版人会議）。さらに、この本の執筆にあたってはＮＴＴ出版の佐々木元也さんからきめ細かい支援をいただいた。また、情報の入手については、情報セキュリティ大学院大学、情報通信総合研究所、総務省情報通信政策研究所、著作権情報センター、法とコンピュータ学会、北海道大学情報法政策学研究センターのご好意を受けた。以上の諸姉兄と組織に感謝の意を表したい。

私は七〇歳のときに「期末大売出し、在庫一掃」の看板を掲げた。それからやがて一〇年、この本はその一四冊目になる。このような執筆の機会を与えていただけるのは、読者諸姉兄のご声援があるためと思う。最後になってしまったが、ここに猫背を正して「ありがとう」と申しあげる。

二〇一〇年五月

名和小太郎

著作権2・0――ウェブ時代の文化発展をめざして　目次

はじめに　I

第一部　現在——技術先行

第1章　検索エンジン——ブレイクスルー　3
1　グーグル・ブック・サーチの実験　4
2　ビジネス・モデルの世代交替　13

第2章　ファイル交換——大衆の反逆　19
1　ユートピアを求めて　20
2　侵害者探し　26

第3章　技術的制御手段——利己的な技術　39
1　両用技術、どこにも　40
2　制御不可、責任なし　52

第二部　著作権法入門——キーワード集

第4章　著作権法——「著作権法は著作物ではない」　61
1　表現よし、着想だめ　62

2 あれも著作権、これも著作権 71
第5章 国際条約——二重標準も 81
第三部 過去——試行錯誤
第6章 録音録画装置——市場の失敗 93
1 概括的・統計的・匿名的 94
2 反概括的・反統計的・反匿名的 105
第7章 コンピュータ・プログラム——機械すなわち著作物 111
1 文学的著作物か——はい、そして、いいえ 112
2 特許発明か——いいえ、そして、はい 122
第8章 データベース——インセンティブの産業化 133
1 ビジネス界の論理 134
2 学界の論理 143
第9章 電子ジャーナル——商用化、あるいはオープン化 149
1 共有を私有へ 150
2 私有を共有へ 156

第四部　近未来――見直し

第10章　権利強化、あるいは権利制限　167
1　「一定の期間」すなわち「超長期」　168
2　無条件、ただし登録も　175
3　公益への目配り　179
4　著作権法の見直し論　190
第11章　新しい葡萄酒は新しい革袋に　199
第12章　著作権像の多様化　211
付録1　俳句――公正使用の日本モデル　227
付録2　読書案内　235
参考文献　242
索引　i

第一部

現在――技術先行

著作権、どこへ行くのか。著作権法というシステムは、つねに「新たな経済的、社会的、文化的かつ技術的発展」（「著作権に関する世界知的所有権機関条約」の前文）によって小突かれ、そのたびに、その場しのぎ的に修繕されてきた。問題は、今後も修繕を続けることができるのか、にある。あるいは、オーバーホールが避けられないのかもしれない。

第1章

検索エンジン

ブレイクスルー

著作権の核は、著作者のもつ許諾権——自己作品へのコントロール権——にある。この権利をグーグル・ブック・サーチは実質的に解体してしまう。新しい技術は、このようにして、伝統的な法制度の書き換えを迫っている。

1　グーグル・ブック・サーチの実験

問題の発端

「全世界の情報を組織化し、普遍的にそれにアクセスし、それを使用する」。これはグーグル社の社是である。

グーグルはこの社是を、グーグル・カタログ（通信販売用カタログ）、グーグル・ニュース（新聞記事）、グーグル・マップ（地図）、グーグル・スコラー（学術情報）、グーグル・アース（衛星写真）、USガバメント・サーチ（政府情報）、パテント・サーチ（特許情報）と実現してきた。二〇〇八年、不意に話題となったグーグル・ブック・サーチもこの流れのなかにある（グーグルは書籍検索に関するプロジェクト全体を「グーグル・ブックス」、その検索サービス部分を「グーグル・ブック・サーチ」と呼んでいる。だが以下では双方を合わせて「ブック・サーチ」で通す）。

そのブック・サーチは書籍を地球規模——主として英語圏——でデジタル化し、それをユーザーにサービスすることを狙っている。このシステムは二つのサブシステムからできている。一つはパートナー・プログラム（以下、Pプログラム）、もう一つはライブラリ・プロジェクト（以下、Lプロジェクト）である。前者は出版社が現に販売している図書を、また後者は図書館が所蔵している図書を、それぞれ対象としている。いずれもデジタル化の費用はグーグルがもつことになっている。

まずPプログラムであるが、こちらは著者、出版社とグーグルとのあいだの契約になっており、著者、出版社はデジタル化された書籍の利用について、一定の制限をかけることができる。たとえば、検索は全テキストにわたってできるが、本文の表示は検索語を含む五ページしかできない、といったことがある。ただし、同じページにたとえばアマゾン社の広告が表示される。つまりPプログラムは、著者と出版社にとってマーケティングの手段となっている。

いっぽう問題のLプロジェクトであるが、ここでは図書館——ハーバード大学図書館など——がグーグルの相手であり、著者と出版社とは外されている。こちらでは著作権の切れた本、切れない本を問わず、また、刊行中の本、絶版本を問わず、デジタル化の対象としている。だからか、ユーザーからのアクセスについては、全文表示可、抜粋——検索語を含む数行——表示のみ、表示なし、といった制限がかけられている。こちらはアマゾンではなく、所蔵図書館にリンクが張られている。ということで、たとえば「プリンキピア」という検索語を入れてみると、ニュートンの本もラッセル＆ホワイトヘッドの本も出てくる。ただし、前者では全文を表示できるが、後者では部分的な表示しかできない。

著者と出版社はPプログラムには異論を唱えなかった。だが、Lプロジェクトには同意しなかった。Lプロジェクトによって自分たちの著作権が侵害されることを恐れたからである。二〇〇四年、グーグルがブック・サーチの計画を発表すると、翌年、米国の作家ギルドと全米出版社協会はグーグルを著作権侵害のかどで訴えた。図書館の所蔵する書籍のなかには自分たちが著作権を保有しているものがあり、その無断でのデジタル化――全テキストのスキャン――は著作権侵害になる、という申し立てであった。

二〇〇九年、この訴訟について当事者間の和解案が示され、一応はその先が見えたようである。それは大筋としてグーグルの立場をよしとするものである(1)(2)。

オプトイン 対 オプトアウト

いま、書籍の無断デジタル化が著作権侵害になる、と言った。この意味を詰めてみよう。この訴訟をきっかけに、ブック・サーチについてあれこれの意見が公表されるようになった。米国の法学ジャーナルには、ブック・サーチ構想について、二〇〇九年末までに一〇〇編を超える論文が発表されている。これらの論文を見ると、キーワードはグーグルの「オプトアウト」という手順にあることがわかる［コラム1参照］。

オプトアウトとは何か。XのYに対する行為Aについては原則自由、もしYがこれを禁止したいのであれば、そのYは「いいえ」と言え、という手順である。

オプトアウトがあれば「オプトイン」もあるはず。そのオプトインとはどんなものか。Xのに対する行為Aについては原則禁止、もしYにその例外を認めてほしいXがいれば、そのXは前もってそう言え、そしてYの「はい」という答えを得よ、という手順である。

当面の話題に即して言えば、グーグルはオプトアウトで行動している。グーグルは自動的かつ無差別にあらゆる本をデジタル化する、もし、これに同意できない著者などがいれば、その人は「いいえ」と言わなければならない。

いっぽう現行の著作権法はオプトインを原則としている。もし、グーグルがどんな本であれ、そのデジタル化を望むのであれば、グーグルはその著者あるいは出版社に対して個別かつ事前に「デジタル化を許可せよ」と求め、「はい」という回答をとらなければならない。これが作家ギルドと全米出版社協会の言い分であった。

つけくわえれば、オプトインは米国著作権法においても、さらにその上位のベルヌ条約（第5章）においても、その第一原則とでも言うべきものである。ここにオプトアウトを認める余地などまったくない。こう、正統派の法律家は断言するはずである。[3]

とすれば、グーグルの仕業は現行の著作権制度に対する真っ向からの挑戦、ということになる。挑戦と言ったが、そこには、冒険、見切り発車、横紙破り、といった感もなくはない。だが、私は実験といったほうが似つかわしいと思う。その目指すものは何か。

許諾権に関する注

著作権法は何をコントロールできるのか、ここで明らかにしておきたい（詳しくは第4章）。それは著作物の「コピー」に対してである。そこで、コピーとはどんな行為、どんな操作を指すのか、ということになる。それは、複製、譲渡、頒布……などの行為を指す。

では「コントロール」の意味は。それは「コピーという行為を他の者がおこなうことを許諾し、または、禁止すること」であり、さらに「コピーという行為を他のいずれの者にもさせない」ということでもある。つまり、著作者がダメと言ったらダメなのである。

このコントロールの権利を複製権、譲渡権、頒布権……と言う。このような権利が束となり、それがオプトインという仕掛けとして著作権法のなかに組み込まれている。

著作権2・0へ

いまこの項のタイトルとして「著作権2・0へ」と書いた。その説明をするためには、まず、著作権1・0とは何か、これを定義しなければならない。それは現行の著作権制度を指す。その現行制度の骨格は一九世紀末にできたベルヌ条約に支えられている。その最初のバージョンには、著作物としてテキストと絵画、図面、それに楽譜しか示されていない。このため、現在のベルヌ条約には、したがって現行の著作権制度には、一九世紀末の知的環境が色濃く染みついている。

一九世紀末の知的環境とはどんなものであったのか。詳しくは第11章に示すが、要点はつぎの二つである。その一。著者は少数の天才であり、読者は無数の大衆である。著作物は著者から読者に一方向的に流れる。著者は著作物の流通チャネル――出版社、書店など――を完全にコントロールできる。その二。くわえて読者はいかなるコピー手段ももたない。

二〇世紀になってから、ベルヌ条約に写真、レコード、映画、放送、ゲーム、プログラムなどが無理やり放りこまれた。そのあげくインターネット関連アプリケーションまで詰め込まれた。

二〇世紀末、ベルヌ条約はそのうえにWIPO著作権条約――インターネット対応バージョン――という二階を載せたが、それは一九世紀の骨格を一階に残したままでなされた（第5章）。その骨格がオプトインという原則であった。なお「WIPO」とは世界知的所有権機関の略称であり、著作権の国際条約に関する事務局である。

だがどうだろう。二一世紀初頭においては、一九世紀の知的環境は完全に消えてしまい、新しい知的環境へと交替している（第11章）。

第一に、著者その人がすなわち読者であるという関係が作られた。プロシューマの誕生である。第二に、著作物が著者と読者とのあいだを双方向的に往復するようになった。往復のたびに付加価値を載せながら。第三に、読者が高性能のコピー装置と流通手段をもつようになった。パソコンとインターネットである。

この環境変化のために、ベルヌ条約の骨格を残した現行制度は傷だらけになっている。米国でも日本でも、毎年のように著作権法を改正――じつは継ぎはぎ――している。これが著作権1・0の実体である。

ここにグーグルがオプトアウトという方法によって現行著作権制度の組み換えを提案してきたと見ることもできる。この新しい方法をウェブ2・0にならって、著作権2・0と呼んでみたらどうか。あらずもがなの注をつければ、ウェブ2・0とはインターネット上における集合知の新しいあり方を指す。

オプトアウトの正当化

なぜ、グーグルはオプトアウトにこだわるのか。オプトインにすると法外なコストがかかるからである。

すべての著者がベストセラー作家ということではない。ほとんどの著者はロング・テイルの部分――売上順位の低い部分――に埋没している。したがって、その著者が生存しているのかどうか。その著書の著作権が保護期間内にあるのかどうか。保護期間内にあるとしても、当人にアクセスするための情報を知ることができるのかどうか。当人死亡の場合、その相続者にアクセスできるのかどうか。いずれも不確かである。

オプトインの立場をとる限り、事前にこうした確認をとる必要がある。だが、そのためにはあきらめざるをえないほど巨額の、つまり禁止的なコストがかかる。現に日本の場合であるが、国立国会図書館が明治期の図書のデジタル化を実施したときには、確認のとれた著者は二八パーセントにすぎなかった[4]。確認のとれなかった著者の著作はどうなるのか。デジタル化されることもなく、ロング・テイルのなかにそのまま埋もれてしまうだろう。このような著作物を「孤児著作物」と呼ぶ（第10章）。

話をもどせば、オプトインのもとでこの制度の恩恵を享受できるのはベストセラー作家にすぎない。そうではないロング・テイル型の著者にとって、その著書は死後七〇年（日本では五〇年）、著作権の保護期間が切れるまで、デジタル化されることもなく、放置されるかもしれない。つまり、オプトインという制度は、その著作の有効活用を抑圧する仕掛けとなってしまう。だが、埋没型の著作であっても、デジタル化してあれば、それが有効利用される可能性がある。これがグーグルをはじめとする検索エンジンの実証したことである。

もう一つ。読者から見れば、ロング・テイル型図書にアクセスできることに大きいメリットがある。ここでロング・テイル型の著者のデジタル化を抑圧すれば、それは、あらゆる層の読者――趣味人、生活者、実務家、研究者のいずれであっても――から、アクセスできるはずの本を遠ざけてしまう。ということで、オプトインの強制は、著者にも読者にも見逃せない機会損失を与えることになる。

［コラム1］　オプトアウト論

法学ジャーナルにはどんなオプトアウト論があるのか。まずはそのタイトルを一覧しておこうか。「書物の検索は上品か？」[5]「著作権法は逆立ちするのか？」[6]「書物の世界的収集を検索可能にするグーグルの計画に関する半・公平性」[7]「グーグルのテクニカラー・ドリームコート」[8]など。

いずれもジャーナリスティックにすぎる表現である。とくに最後の論文など、大当たりしたミュージカルのタイトルを引用している。格式を重んじる日本の法学ジャーナルの著者から見れば顰蹙《ひんしゅく》ものだろう。これらのなかからオプトアウト論をいくつか紹介しよう。

まず「上品か？」の論者ジェニファ・ビスクの所説。著者はにべもなくグーグルを否定する。著作権法は、米国法にせよベルヌ条約にせよ、オプトインを原則とする、オプトアウトを認める余地はない。

つぎに「逆立ちか？」の論者オーレン・ブラッハの主張。オプトアウトを正当化するためには、著作権制度以外の規範を持ち出さなければならない。しからば、どんな規範を持ち出したらよいのか。第一に経済的合理性、第二に文化的デモクラシー、この二つとなる。

第一の論点についてはオプトインのモニタリング・コストとオプトアウトのサーチング・コストとを比較してみたらどうか。第二の論点については「孤児著作物」（第10章）の有効活用を主たる目的にしたらどうか。「孤児著作物」の有効利用については、「半・公平性」の著者スティーブン・ヘッチャーも主張している。先に示したビスクもその可能性について触れている。もちろん穏健な、つまり中間的な主張もある。多くの法学者はこの路線。ここでは「公正使用」（第10章）という著作権の例外規定が吟味される。公正使用の中心には「変形の程度」という概念があるが、これはパロディの正当性を示した判例に由来する概念、つまり芸術的な概念である。したがって、これでグーグルのオプトアウトを説明しようとすれば、何がしかの無理をともなう。私は精緻な議論をよしとする法学者ではないので、ここは会釈して通過することにする。

同じく中間派ではあるが、もっと大雑把な、そして楽観的な主張もある。たとえば「テクニカラー・ドリームコート」の論者エミリー・プロスキン。かれは反グーグル派の出版社はグーグルの分け前が欲しいのだから、ここで折り合う点を求めればよい、それは可能だ、と言っている。

2　ビジネス・モデルの世代交替

パトロン探し

グーグル問題には、現時点では表面化こそしてはいないが、もう一つの論点がある。それはユーザーが無料でインターネット上の著作物にアクセスできるという慣行にある。著作物の創作、流通のコストは第三者——たとえば広告主——に転嫁されている。ユーザーはこれに慣らされている。書籍の著者や出版社は、デジタル化された書籍にこのような慣行の及ぶことを恐れているのだろう。

だが、デジタル化著作物を無料とするビジネス・モデルは、すでに書籍出版の隣接分野で現実的なものとして受け止められつつある。それは、理工系、医学系学術雑誌の出版分野においてである(第9章)。

この種の学術雑誌については、この数年来、とくに米国において、そのオープン化の動きが活発になっている。この動きは、技術的には雑誌の電子ジャーナル化により、制度的には医学情報公開という公共政策によって推進されている。社会的には公共図書館が積極的に関与している。もちろん、著者としての研究者のなかにも、これに参加するものが少なくない。しからば、その出版コストは誰が負担するのか。著者自身である。この流れは出版社も無視できない勢いをもつようになっている。学術出版社も、このような自費出版をそのビジネス・モデルに組み込むようになった。

このモデルをそのまま通常の書籍に拡張せよというのは暴論だろう。だがかつて、出版のコストはパトロンが負担するというビジネス・モデルがあった。新しいパトロンをどこに探したらよいのか。私たちはその解を求めなければならない。ブック・サーチはその試みの一つと言えるかもしれない。著作権2・0は新しいパトロンを支える制度でなければならない。

和解結果が国際標準に？

ブック・サーチに関する訴訟は、そもそも米国の作家ギルド——一部の著者——がグーグルに対して起こした訴訟であった。二〇一〇年四月時点で、まだその決着はついていないが、一時、それが日本の著作者や出版社を巻き込むかに見えた。なぜか。

理由は二つある。第一に、当の訴訟が、途中、集団訴訟に発展し、和解として進められたためである。もし、この訴訟が和解として決着すれば、その結論は、この訴訟の当事者だけではなく、米国内の著者と出版社とをすべて拘束する規範になる。

第二に、ベルヌ条約がある（第5章）。この条約は、加盟国内で発行された著作物、加盟国の国民が出版した著作物を互いに保護する規定を含んでいる。これを内国民待遇と呼ぶ（第4章）。したがって、日本で刊行された書籍、日本人の刊行した書籍であっても、米国内では米国の著作権法によって保護されることになる。さらにその効果はインターネットを介して日本国内にまで及ぶ。

グーグルの方式は、もとはと言えば一私企業の設けたものにすぎない。にもかかわらず、その適用範囲は米国全域へと拡大している。さらにベルヌ条約を介して日本へ、そして地球規模へと拡大するリスクもあった。ちなみに、二〇〇九年末におけるベルヌ条約加盟国は一六四にのぼる。

一私企業でしかないグーグルは、このようにして正統的な著作権1・0の秩序を崩してしまった。これが現実である。ことはブック・サーチにとどまらない。すでに述べたように、グーグルのサービスはニュース、学術論文、地図、航空写真に及ぶ。そのサービスは、既存の電話と新聞と放送とを合わせたものに相当する。いずれも当世風の言い方をすれば重要社会基盤である。この運用を一私企業にすぎないグーグルが一手に引き受けていることになる。だがグーグルは、文脈はやや異なるが、自社システムの出力は、そのページランク――検索用リスト――を含めて、米国憲法修正第一条――表現の自由――によって保護されるとふてぶてしく言っている。私たちは、この点についても眼をそらしてはならない。

技術すなわち法律

グーグルは、インターネットの関係者が等しくもっている感覚にしたがって行動しているかに見える。その感覚とは、技術優先、創造的破壊、反権力をよしとするアナーキズムである。そのアナーキズムであるが、一九九六年に、ジョン・ペリィ・バーロウ――電子フロンティア財団の設立者――の発表した『サイバースペース独立宣言』という文書（第2章）が、それを鮮烈に示している。(9)

私たちの自我は、あなた方（引用者注：「産業社会の政府」を指す）のあれこれの法的な管轄に閉じ込められることなく、拡散することができる。(……)私たちの世界では、人間の精神が創造したすべてのものは、それがなんであれ、無償で際限なく複製できるし、分配もできる。

このアナーキーな気分が、この時期、インターネットのユーザーに拡がった。世紀の変わり目、ここに憲法学者ローレンス・レッシグが割り込んできた。かれは言う。実空間とサイバースペースとにおいて、同じ法律や規範を設けることはできない。未成年者のポルノ・アクセスを禁止したいとしよう。実空間では本人の容貌を見れば未成年者か否かを確認できる。だが、サイバースペースではこれはできない。

これを実現するためには、サイバースペースのもつ拘束力に頼らなければならない。サイバースペースを構成するソフトウェアとハードウェアとが、そこにあるアプリケーションを拘束、つまり規制できるからである。レッシグは、実空間では「法律」がその住民をコントロールし、サイバースペースでは「技術」がその住民をコントロールする、と整理している。レッシグはこのような技術、つまりソフトウェアとハードウェアの体系を「コード」と呼び、このコードが法律の役割を果たす、と主張した(10)。

念のために「コード」という単語を『英米法辞典』(田中英夫編)に当たってみると「法典」「規約」などと示してあり、同じ単語を『JISハンドブック』(日本規格協会編)で確かめてみると「体系」「規則の集まり」などという言葉が並んでいる。

脈絡がやや異なるが、すでにグーグルの検索エンジンはオプトアウトの形で動いている。この方式を著作権侵害と訴えた弁護士がいる。だが、法廷はその訴えを退け、グーグルの行為をよしとする判断を示した（フィールド対グーグル、ネバタ地区連邦地方裁判所、二〇〇六年）。この判例はグーグルの検索エンジンのもつ技術的なコードが、米国の法廷によって、オプトアウトという法的なコードとして追認されたことを示す。ちょっと、話が回りくどくなった。

制度は変わるか

著作権1・0は空洞化してしまった。しからば、著作権2・0は実現するだろうか。米国には、じつは著作権に対して「公正使用」という迂回路がある（第10章）。だからここを拡張すればよい。だが、日本にはそれがない。

とはいうものの、その日本でも、一〇年前には専門家がせせら笑ったような提案が、いまでは既存制度のなかに、当の専門家諸氏の手によって組み込まれている。その例を私たちは政府の発表した「知的財産推進計画」（二〇〇三年〜）のなかに見ることができる。時代は確実に動いている。いずれは公正使用の日本バージョンが実現するだろう（第10章）。

グーグルの行動に話をもどせば、それは技術者のもつ「ブレイクスルー」という性をむき出しに示したものである。そのブレイクスルーとは「できることはする」という発想を指す。

第2章

ファイル交換

大衆の反逆

インターネット空間においては、伝統的な意味での著作権侵害者が多数者になっている。ファイル交換はこの事実を私たちに見せつけた。大衆の反逆は、一世紀前にはヨーロッパに生じた局地的な現象にすぎなかったが、今日、地球規模のそれに膨らんでしまった。

1 ユートピアを求めて

無名の若者でも

二〇〇〇年、米国のA&Mレコード社はナップスター社――創立者ショーン・ファニング――に訴訟を起こした。(1) 二〇〇四年、日本の警察は大学の助手――「47氏」と名乗る――を逮捕した。(2) ナップスター社も47氏も、ファイル交換プログラムを開発し、それをインターネットに投げ込んだ行為を、著作権侵害である、とがめられたのであった。前者のプログラムの呼び名を「ナップスター」、後者のそれを「ウィニー」と言う。

ファイル交換とは互いに未知のユーザー同士が、インターネットを介して、それぞれのもつ著作物を交換する仕掛けを指す(詳しくは後述)。ということは、著作者のコントロールできない著作物の流れがインターネット上に生じることになる。あれこれの数字があるが、ナップスターのユーザー数は二〇〇一年二月時点で二六四〇万人(サービス開始八カ月後)、ウィニーのそれは二〇〇三年一月時点で二五万人(サービス開始八カ月後)であったという。

このようなおびただしい人が著作権法の外にこぼれてしまった。

事件にかかわったとき、ファニングは一九歳、47氏は三三歳であった。巨大な資本、組織、装置をもたなくとも、無名の若者であっても、既存の法制度に破壊的な脅威を及ぼすことができる。こんな時代になった。

こうしたことが可能になったのは、一方にはファイル交換を支える社会基盤――インターネット――がすでに構築されており、他方にはファイル交換を受け入れるコピー装置――パソコン――を数百万、数千万の個人ユーザーがすでに保有していた、という事実があったからである。

さらに、これを実現させるための要素技術も存在していた。井戸端会議システム「IRC」、そしてオーディオ・データの圧縮技術「MP3」など。かりにファニングや47氏が手を出さなくても、誰かが同様のことに踏み切ったであろう。というのは、それが時代の精神であった、ということでもある。その時代の精神とはどんなものであったのか。

サイバースペース論争

ここで第1章に紹介した『サイバースペース独立宣言』にもどろう。[3] いま言った時代精神がここにある［注1］。

産業社会の諸政府よ、肉体と鋼鉄の巨人よ、私は精神の新しい本拠、サイバースペースから来た。過去の人、あなた方に言おう。私たちにかかわるな。あなた方は私たちには歓迎されない。私たちの集うところに、あなた方の主権は及ばない。

あなた方の法概念、つまり財産、表現、自我、移動、人間関係などに関する法概念は私たちには適用できない。それらの法概念はすべて物という実体に基づいている。だが、ここには物はない。

このあと、第1章に引用したつぎの言葉が続く。「私たちの世界では、人間の精神が創造したすべてのものは、それがなんであれ、無償で際限なく複製できるし、分配もできる」。このような動きに連動して、サイバースペース論が法学ジャーナルを賑わすようになった。[4][5]まず、デビッド・ポストという論客が登場した。一九九五年、上記の『独立宣言』に先立って、かれは「アナーキー、国家、インターネット」というエッセイを発表していた。[6]このタイトルを見た人は、ただちに『アナーキー、国家、ユートピア』というタイトルをもつ分厚い本を連想したはずである。それは自由至上主義者ロバート・ノージックの著書である。

ノージックの主張はつぎの三点であった。その一、最小国家のみが道徳的に正当である。その二、それ以上の国家的機能は誰かの権利を侵害する。その三、最小国家はユートピアの特性をもっている。ここに言う最小国家とは、暴力、盗み、詐欺を抑止し、契約の履行を強制する機能のみをもつ国家、と定義されていた。

ポストの主張は、ノージックの「ユートピア」を「インターネット」に置き換えたものであった。サイバースペースではユーザーの参入、退出は自由である。ここでは、さまざまな主体が、それぞれ固有のコントロール・ルールをもって、ユーザーを呼び込もうとして競争するだろう。さまざまな主体とは、大学であったり、技術の標準化団体であったり、プロバイダであったり、そして政府であったり、ということになる。かれは、その後、「法と国境」といった論文も発表した。こちらもアナーキズム賛歌であった。最小国家の思想はインターネット・ユーザーの気分を反映したものと言ってよいだろう。

伝統的な法学者はこの風潮に反発した。たとえば裁判官のフランク・イースターブルックがそうであった。一九九六年、かれは「サイバースペースと馬の法律」という論文を発表した。(7) 法律家は馬の取引を理解するにあたって何を学ぶべきか。馬の蹴り方か、馬の競り方か。そうではないだろう。財産権や不法行為法などに関する一般原則のはずだ。

イースターブルックは続けた。法学者は、新技術に関してあれこれと新知識を仕入れてもどうということはない。その前にすることが山ほどある。たとえば知的財産の保護期間を見ると、特許は一七年、著作権は死後五〇年、商標は永久であるが、その根拠はどこにあるのか、釣り合っているのかいないのか、こちらの解決が先決だろう。

一九九九年、ここに憲法学者レッシングが「馬の法律だって、サイバー法が教えてくれるかも」という論文を投げ込んだ。(8) かれは、すでに第1章に示したように言った。サイバースペースでは法律よりも技術の作るコードのほうが優位になると。この主張はインターネット関係者のもつアナーキズムを支える理論となった。

インターネットは、本来、大学関係者の開発したシステムであり、通信事業としての規制の外にあった。そのために技術にも運用法にも研究者のもつ「しつけのよいアナーキズム」が染みついていた。(9) このアナーキズムはインターネット商用化のあとにも残されている。残されているだけではない。ユーザーの増大、多様化とともに増幅している。結果として、インターネットにはさまざまな乱れが現れるようになった。

その一つがファイル交換ということになる。この技術は、インターネット上に散らばっていた不特定多数のユーザーのアナーキーな行為を一つに束ねたことになる。

ファイル交換とは

ここでファイル交換プログラムについて整理しておこう。その代表的なものがナップスターであり、グヌーテラであり、フリーネットである。

まず、ナップスターは中央にファイルの所在一覧表をもつ仲介システムである。個々のシステムはこれを参照してファイル交換の相手を探す。つぎのグヌーテラは中央の仲介システムがない。隣り合うシステムが伝言リレー的に協力し、誰かが求めているファイルをもつシステムを探す。フリーネットも中央のシステムは不要である。誰かがあるファイルを求めれば、あとはプログラムが勝手にそれを探し回る。個々の参加者は自分のシステムが誰のために何をしているのかもわからない。ウィニーもこの型のプログラムである。ということで、ファイル交換プログラムは手を替え品を替え、しぶとく生き残っている。

つまり、ナップスターには仲介者がいる。だが、グヌーテラでは、仲介者は不在、仲介者はユーザー自身になる。それがフリーネットになると、そのユーザーも誰がどんなファイルを求めており、それに自分がどんなかかわりをもっているのかを意識できなくなる。ナップスターを中央管理型のファイル交換、グヌーテラとフリーネットを分散管理型のファイル交換と呼ぶ。

ファイル交換の革命的な意味は何か。不特定多数者のもつファイルの索引を誰かがリアルタイムでもつことができることにある。その誰かは、ナップスターでは特定の一事業者であったが、グヌーテラでは不特定多数のユーザーとなり、フリーネットではネットワークに潜む自動システム、つまり誰からも認識されない、いや意識さえされない存在になってしまった。一事業者であれば、その事業者に管理責任を追及できる。不特定多数者であっても、追跡技術があれば、そのなかから責任者を炙り出すことができる。だが、それがネットワークに潜む自動システムであれば不可視になる（第3章）。もう、いかなる権力をもってしてもコントロールできなくなる。

不可視とは何を意味するのか。たとえば、当の著作物をばらばらにし、複数のユーザーのシステムの空《あき》スペースに分割して格納する。もう、誰がどんな著作物を保有しているのか、外部から追跡することはできなくなった。

2　侵害者探し

私的使用、侵害なし

ファイル交換プログラムの普及によって、本来ならば商品になるはずのファイルがユーザー間で無償交換されるようになった。そのぶん、CDの売上が減った。事業者はこのプログラムの利用を阻むために、著作権をかざしてさまざまの訴訟を起こした。

訴訟は、ファイル交換の実用化とともに、つまり二一世紀初頭より、米国、日本、EU諸国、オーストラリアでつぎつぎに生じた。原告はつねにレコード会社かビデオ会社、いっぽう被告はユーザー、サービス事業者、ネットワーク事業者、プログラムの開発者など、すべての関係者にわたった。これを表2・1に要約して示そう。

訴訟はさまざまの論点をめぐって生じた。まずユーザーに対するものを見ておこう。ここの論点はユーザーの行為が「私的使用」として認められるのか、ということがある(第6章)。私的使用は日本法の概念であるが、どこの国の法律にも類似の概念があり、ユーザーが自分のた

	権利者の主張	関係者の反論
ユーザーの行為	侵害	私的使用
事業者の行為	寄与侵害	侵害の認識、誘引等なし
開発者の行為	侵害の幇助	非侵害の使用法あり

表2・1　ファイル交換の論点

めに著作物を使う場合には著作者の権利は及ばないことになっている。

日本法は「私的使用」を「個人的にまたは家庭内、その他これに準ずる限られた範囲内において使用すること」と定義し、この目的であれば「使用する者が複製することができる」と定めている。なお、「これに準じる限られた範囲内」とは「グループのメンバー相互間に強い個人的結合関係のあること」（加戸守行）と理解されている。

米国法は、無許諾のコピーを、「公正使用」（第10章）という枠組みのなかで、たとえば「その使用がその著作物の市場価値あるいは価格に小さい影響しか持たない場合」に認めている。

前インターネット時代にはこれでよかった。本のフォトコピーでもCDの録音でも、ユーザーの作ったコピーは当のユーザーの手元に置かれたままになっていた。だから私的使用は、権利者から見ても、まあ、無視できた。法学者流に言えば「法ハ些事ニ関セズ」、技術者流に言えば「ネグリジブル・スモール」であった。

私的使用、侵害あり

だが、ファイル交換は違う。ここでは「メンバー相互間に強い個人的結合関係」のないグループのなかに「メンバー相互間に強い技術的結合関係」を作ってしまったことになる。その方式がどんなものであれ、ユーザーは自分のもっているファイルを未知のユーザーへと送り出すことになった。つまり、無料の著作物を市場へ放出することになった。このために権利者は手にしたはずの利益を失う。これは私的使用の定義からは大きく外れる。したがって、ユーザーの行為は著作権侵害になる。論理のおもむくところ、こうなる。

このために権利者は個々のユーザーを追跡し、捕捉した侵害者をそのつど裁判所に訴えている。二〇〇〇年、ロック・バンドのメタリカは三二万人のユーザーに対して告訴すると息巻いた。その後も、レコード会社は数百人単位でユーザーを特定し、あるいは氏名不詳のまま、それらのユーザーを訴え、そのユーザーたちを和解へと引き込んでいる。和解金は一〇〇〇ドル～一万ドルと伝えられた。主たる標的は学生である。さらにその学生を特定するために、裁判所経由で大学に学生情報の公表を迫ったりしている。これに対して、訴訟を口実にして和解をもちかけるのは恐喝にあたり、暴力排除法違反となるとして反訴したユーザーもいる。

あれこれ述べたが、ファイル交換をするユーザーは著作権を侵害しているという判断が、多くの国の法廷の理解である。

監視のアウトソーシング

権利者からすれば、不特定多数の侵害者を、しかも数百万人、数千万人のユーザーを、個別に追跡することは現実的には不可能である。侵害者の追跡コストが著作物自体の市場価格をはるかに上回ってしまうだろうから。

とすれば、ユーザーを直接に追跡することはあきらめてしまい、その追跡を誰かに負担させるほうが現実的になる。その誰かには、たとえばインターネット・サービス・プロバイダ、あるいはファイル交換サービスの事業者（以下、まとめてプロバイダ）があるではないか。権利者はこのようなプロバイダに対してファイル交換サービスの管理責任を求めるようになった。つまり監視業務のアウトソーシングである。この視点でプロバイダをコントロールできないか。

この方式については前史がある。それを紹介しよう。一九九五年、カリフォルニア北部地区連邦地方裁判所は、リリジャス・テクノロジ・センター（以下、RTC）対ネットコム、アーリッヒ、クレムスラッドの訴訟について、一つの判断を示した。RTCは宗教団体サイエントロジーの著作権管理機関であり、アーリッヒはサイエントロジーの元信者、ネットコムはプロバイダ、クレムスラッドはBBS（Bulletin Board System）の運営者であった。

事件はアーリッヒが内部告発のために教団資料をクレムスラッドのBBSにポスティングしたことに始まった。その資料はネットコムのシステムを通じてインターネット上に拡散した。RTCはこの事件を著作権侵害として訴えたのであった。アーリッヒの直接侵害は自明として、問題はネットコムの管理責任にあった。

法廷はネットコムに直接侵害なしと判断した。そのシステムを通じて送られる全データが自動的かつ無差別的に一時的なコピーを作るような場合、そのようなシステムの設計者、開発者は公衆にコピーをさせるコピー機の所有者と同様であり、したがってコピー機の使用者が侵害行為をしたからといって、コピー機の所有者が侵害をしたということにはならない。ただしネットコムには寄与侵害（後述）ありとした。RTCからの侵害通知を無視したからであった。

判決は注記している。プロバイダの責任は電話会社のそれより大きいというものではない。ただし、法律上何の規定もない。空白がある。この点については議会がその役割を果たすべきである。

この空白は、その後一九九八年に、議会がデジタル・ミレニアム著作権法（DMCA）を制定するきっかけとなった。そのDMCAはノーティス&テイクダウンという手順を設けた［コラム2参照］。この手順は、プロバイダに対して、制限はついているものの、そのユーザーに対する監視を義務づけるものであった。結果として、権利者はプロバイダを監視作業のアウトソーシング先として意識するようになった。

寄与の射程

プロバイダの行為をどう見たらよいのか。米国には、直接侵害の他に、寄与侵害と代位侵害という概念がある。[10]

まず、寄与侵害ありというためには、その事業者がユーザーの直接侵害を知っており、また、直接侵害に実質的な寄与をしていたという条件が必要である。この「寄与」という概念には「認知している」「支援している」「誘引している」などが含まれる。つぎに代位侵害であるが、これはその企業が金銭的な利益を得ており、かつ、侵害行為を管理しているという条件が不可欠である。

中央管理型のファイル交換について見よう。ナップスターはユーザーにプログラム、検索エンジン、ネットワークを提供していた。つまり侵害の場所と設備をサービスしていた。したがって寄与侵害ありという判決になった。またナップスターがシステムを閉鎖してしまえば、ユーザーはファイル交換ができなくなる。つまりユーザーの情報をもち、ユーザーの行動を管理していた。したがって代位侵害もありという判決になった。

いっぽう、分散管理型のファイル交換サービスについてはどうか。ここではグヌーテラ型のサービスをしているグロクスターが訴訟になった。問題は、この事業者がプログラムの配布のみをおこない、それ以上のことは何もしていないことにあった。つまり、このサービスが閉鎖されても、ユーザーはファイル交換を続けることができた。一審、二審ともに、こちらの場合には寄与侵害なし、代位侵害なし、ということになった。

だが、最高裁はこれに満足しなかった。特許の分野から借用できる理論がある。それは「誘引」である、と言ったのである。そして、グロクスターはユーザーをファイル交換に誘引した。それはナップスターを連想させる企業名を見ても明白である。したがって侵害はある。こう示した。二〇〇五年であった。

日本でも、分散型のファイル交換について、権利者がプロバイダを訴えた。日本法には寄与侵害、代位侵害という概念がない。法廷は、入り組んだ論理を立てて、プロバイダの行為を侵害に仕立てた。入り組んだというのはカラオケの論理をファイル交換に適用したことを指す。

カラオケはまず酒場で普及した。このときに、酒場は公衆の出入りする場所であり、そこでの客の歌唱行為は著作権の侵害であるとされた。重要な点は、その侵害行為の主体が酒場にあると示されたことにある。酒場は客を管理しており、ここから利益を得ているから、これが理由であった。この論理は、さらにカラオケ・ボックスへ、通信カラオケへ、放送番組の録画代行サービスへ、そしてファイル交換サービスへと拡張された。ただし二〇〇九年、知的財産高等裁判所は、放送番組転送サービスへのカラオケ論理の適用を否定した。カラオケの論理は宙に浮いた格好である。注意すべきは、日本では分散型ファイル交換技術の開発者も訴えられたことである。この技術の開発は侵害の「幇助」であるというのである（第3章）。

いっぽう、ファイル交換による侵害行為に対して、ここに事業機会を見つけた企業もある。米国の話ではあるが、学生に対する著作権管理を一人あたり五ドルで引き受けようというベンチャーが出現した。大学はこれを受け入れ、それを授業料に転嫁すればよい、というのである。このビジネスが成功したかどうかは不明だが。

三振ルール

ゼロ年代末、ＥＵ諸国で「三振ルール」について議論が繰り返されている。侵害者への警告が三回目になったら、その人に対する接続を切る。これをプロバイダに義務として課す。これが三振ルールである。つまり、プロバイダを私設警察にしよう、という試みである。フランスでは違憲論争を引き起こしている。ＥＵ議会は、三振ルールはＥＵ通信法に違反する、としていったんは反対した。だが二〇〇九年末、一転して承認した。

この三振ルールを前にして、プロバイダはどんな態度を示しているのか。賛成するもの反対するもの、さまざまである。たぶん、ユーザーの監視を好まない、ユーザーの行為に関知しない、管理もしない、これが本音だろう。これは寄与侵害のリスクを避けるためである。現に、ナップスター社の方針がそうであった。

サイバースペース論争、その後

サイバースペース論争にもどる。二一世紀に入り、論調は現実論へと揺り返している。カナダの研究者マイケル・ガイストが「サイバー法２・０」という論文を発表した[11]。かれはレッシグの言うコード（第1章）を政府は管理しようとしている、と指摘したうえで、サイバースペースの規範は、国境のないネットワークから国境のない法律へ、規制するコードから規制されるコードへ、自主規制から国による支配へと移行しつつある、とまとめている。ノージックは最小国家の役割は犯罪抑止であると言っていたが（1節）、サイバースペースにおいてはその最小国家以上の機能が求められるようになった。

二一世紀に入り、ユビキタス・コンピューティング、あるいはパーベイシブ・コンピューティングということで、実世界はサイバースペースと密にからむようになった。『サイバースペース独立宣言』のアナーキズムは、つまり楽観論は姿を消したかに見える。

無名の若者でも、再考

無名の若者がなぜ著作権法に脅威を与えることができたのか。繰り返せば、それは数百万人、数千万人の個人ユーザーが高度のコピー技術を手に入れたからである。そのようなユーザーの大部分は、「著作権」という言葉を知らないだろう。かりに知っていたとしても、それに制裁という重荷を感じる人は少ないだろう。著作権法はこのようなユーザーに対することになった。

現に、ファイル交換は手を替え品を替え、終わることなく続いている。すでにゼロ年代初頭、ナップスターのサービス開始直後にオープンソース版のナップスターが出現し、それは本家が活動を停止しても動いていた。むしろ拡がった。

このようなユーザーを支援する政党まで出現している。スウェーデンでは二〇〇六年に海賊党が結成され、EU議会にも二議席ではあるが議員を送り出している。英国にも海賊党ができた。その綱領にいわく。「非商業的なファイル交換の合法化」「政府、大企業による善良な市民に対する過度の監視の中止」「共有文化の享受、それへの参加の保証」など。その活動は二〇一〇年初頭、三八カ国に及んでいる。

ここで二つの文章を引用しておこう。まず、一九八〇年代、英国にもレコード著作権に関する訴訟があり、その判決にある言葉。

家庭においてサージェント・ペパーズ（引用者注：ビートルズのアルバム、一九六七年発売）のビートを違法コピーから複製する（という誘惑に対しては、その）理由が何であれ、その力は法を遵守するという本能や良心の呵責よりも強いものとなっている。これほどの侮辱的な扱いを受けている法は、改正されるか廃止されなければならない。(12)

もう一つ。哲学者のオルテガ・イ・ガセットが二〇世紀初頭、その著書『大衆の反逆』の末尾に示した言葉。

問題は、今やヨーロッパにモラルが存在しなくなったということである。それは大衆人が新しく生まれつつあるモラルを尊重し、古くなった従来のモラルを軽視しているからではなく、大衆人の生の中心がほかでもなく、いかなるモラルにも束縛されずに生きたいという願望にあるからである[13]。

この「ヨーロッパ」という言葉を「インターネット」という言葉に置き換えてみれば、いま、私たちが立っている空間が見えてくるだろう[14]。

［コラム2］ ノーティス&テイクダウン

権利者が侵害者を発見するためには、プロバイダからその通信記録を見せてもらわなければならない。だが、これはユーザーに対して通信の秘密、プライバシー保護を侵すことになる。したがって、これを認めてもらうためには、厳しい条件を充たさなければならない。これがDMCAの定めたノーティス&テイクダウンという手順である。

ここにプロバイダAがおり、そのユーザーBが第三者Cの著作物をAのシステムに無断でアップロードしたとしよう。これを知ったCはAに、Bの氏名を自分に連絡し、同時に自分の著作物を削除せよと迫るだろう。このときに、Aはどうしたらよいのか。

Bへのサービスを中止したとする。このとき、Bからは契約を破ったと言われるリスクがある。中止しなければ、Bの侵害行為に寄与するリスクがある。

また、CにBの氏名を通知したとする。このとき、Bに対する通信の秘密の義務を侵すリスクがある。さればといって秘匿すれば、Bの侵害行為を幇助するリスクをもつ。

というように、Aは二律背反の窮地に追い込まれる。くわえて、じつはCの言い分が偽りである可能性もある。Aは右すべきか左すべきか、途方にくれるだろう。もう一つ。そもそもAはユーザーの行為を常時、監視していなければならない義務をもつのかどうか。

このように追い詰められたAに対して、こうすれば責任を問われることがない、という手順をルール化したものを「ノーティス&テイクダウン」と呼ぶ。これと同等のルールを日本では著作権法には組み込まず、プロバイダ責任制限法――プロバイダ責任法ではない――として導入している。

注

［1］『サイバースペース独立宣言』は通信品位法を制定した米国議会に反対して発表された。この法律は、未成年者へ故意にする「下品な、明らかに不快な」メッセージの送信も禁止する、としていた。一九九六年であった。翌年、最高裁はこれを違憲として否定した。

第3章

技術的制御手段

利己的な技術

およそ技術というものは、適法にも違法にも使える、といった柔軟性をもっている。このような特性を技術の「両用性」と呼ぶ。インターネット空間では、この両用性をめぐって、既存の事業者と新規参入の事業者とが、その背後では既存の法律と新規の技術とが、激しく衝突している。

1　両用技術、どこにも

カトリックにもプロテスタントにも

ファイル交換（第2章）について続けたい。ある人がファイル交換プログラムをもっていたとしても、それだけでその人を著作権の侵害者であるとは決めつけられない。というのは、それは著作権のないファイルも交換できるからである。それはシェイクスピアのテキストである可能性もある。つまり、ファイル交換の技術には、他人の権利を侵害する使い方もあるが、他人の権利を侵害しない使い方もある。このような技術を両用技術と呼んでもよいだろう(1)。

「両用技術（dual use technology）」とは冷戦の時代に使われた言葉である。ロケット、核物理、暗号、感染症にかかわる技術や知識は民生用にも軍事用にも利用できる。このような技術を指す言葉として使われた。この概念をやや拡げれば、適法にも違法にも使える技術を両用技術と呼んでもよいだろう。じつは、およそ技術というものは、適法にも違法にも使うことができる、そんな特徴をもっている。

たとえば印刷術がすでに両用技術であった。[2] マルティン・ルターの『新約聖書』は一五二二年に初版として五〇〇〇部――部数に諸説あり――が発行され、かれの生存中、その数は約四三〇の版、計一〇〇万部に達したという。だが一五六四年、トレント公会議の意を体したローマ教皇は、ルターのものを含め新版の『新約聖書』を禁書目録に入れた。その禁書目録に入った書籍を発行したものは火刑に処せられた。カトリックから見れば、印刷術は呪われるべき技術であった。

とはいうものの、カトリックのほうもバチカン印刷所をもっており、ここで聖職者用のマニュアル、神学校用のテキスト、平信徒用のパンフレットなどを印刷していた。これはプロテスタントにとって苦々しいことだったろう。つまり、印刷術はその草創期において、すでにプロテスタントにとってもカトリックにとっても両用技術であった。

VTR、すなわち両用技術の製品

両用技術であれば、違法の使用もできるが、適法の使用もできる。とすれば、それを所有していても、それを使用していても、あるいは、それを誰かに紹介したとしても、それを誰かに販売したとしても、それを違法だ、と言い切るのは難しいだろう。さらに、それを発明したからといって、それを開発したからといって、それを製造したからといって、その行為を違法だ、と言い立てることはできないだろう。

　とすれば、この技術は違法だ、と決めつけるためには、その技術が「両用ではない」、すなわち違法でしか使えないと断言できなければならない。これをかりに「非両用基準」と呼ぶとすれば、コピー技術については、この基準は一九八〇年代から議論されてきた。

　一九七九年から八四年にかけて、ユニバーサル・シティ・スタジオ社と米国ソニー社は一連の訴訟で争った。放送で流されるユニバーサルの映画をソニーのビデオ・テープ・レコーダ（VTR）のユーザーが録画しており、これによってユニバーサルのもつ著作権をソニーは侵害している。これが訴えの骨子であった。

　訴訟は、カリフォルニア中部地区連邦地方裁判所（侵害なし）→第九巡回区連邦控訴裁判所（侵害あり）→連邦最高裁判所（侵害なし）と繰り返された。この訴訟は著作物の「公正使用」について画期的な判断を示したことで知られている（第10章）。じつは、ここにはもう一つの論点があった。それは、侵害機器のメーカーはそのユーザーの行為について責任をもたされるのか、ということであった。

　一審は、ソニーにいかなる責任もなし、とした。ここで法廷は「取引の重要商品」という概念を持ち出した。この概念は本来ボルトや化学薬品など「汎用品」を指すものであった。法廷はその「取引の重要商品」をタイプライタ、録音機、カメラ、フォトコピー機までも含むと拡張し、ソニーのVTRもこのカテゴリーに入ると指摘した。そのうえで、法廷はつ

ぎのように続けた。(3)

ある商品があり、それが、その技術的な特徴によって、販売後にユーザーによって違法に使われたとする。ここでメーカーに責任ありとするならば取引は回らなくなる。だが、それが取引の重要商品であれば、当の商品のメーカーはそのユーザーの行為に対して責任を負わなくてもよい。法廷はさらに続けた。取引の重要商品という理論は特許分野において使われてきたものであるが、著作権の分野においても有効である。

ユニバーサルは控訴した。控訴審は一審の判断をニベもなくつき返し、ソニーに寄与侵害ありとした。VTRはテレビ番組の複製を主目的として製造、広告、販売されたものであり、そのテレビ番組はすべて著作権をもっている。この点、単なる事実をコピーするカメラとは違い、「取引の重要商品」とは言えない。これが理由であった。

今度はソニーが上訴した。最高裁は控訴審の決定を差し戻し、ソニーの寄与侵害を否定した。法廷はここでも「取引の重要商品」理論を著作権分野に適用することに同意し、そのうえでVTRはテレビ番組のコピーを主たる目的にはするが、テレビ番組のすべてが著作物ではないと指摘し、さらに続けた。

テレビ番組にはスポーツもあり教育もあり宗教もあり、これらの権利者はコピーを歓迎している。くわえてユーザーの使い方はタイム・シフティング――時間をずらして見ること――であり、番組のライブラリ――コピーの蓄積――を作ることではなかった。

ＶＴＲ訴訟の法廷が組み立てた「取引の重要商品」理論は、汎用的な技術製品であれば侵害用とはみなせない、という解釈を示している。「汎用的」な製品であれば侵害用にも非侵害用にも使うことができる。とすれば、それは「両用的」な技術製品でもある。

「取引の重要商品」理論はファイル交換技術の訴訟においても参照された。ファイル交換技術は著作権の切れた著作物に対しても利用できた。それは両用技術であった。したがって、権利者にとっては役立たずの理論であった。

話をウィニーにもどせば（第2章）、日本の法廷は、一審（二〇〇六年）においてその発明者を有罪とした。技術の両用性には眼をつぶり、べつの論拠を見つけたのであった。だがその論理は控訴審で否定された。二審（二〇〇九年）の判決はつぎのように示した。

違法行為をする者が出る可能性・蓋然性があると認識し、認容しているだけでは足りず、それ以上にソフトを違法行為の用途のみに、または主要な用途として使用させるようインターネット上で勧めて提供した場合に幇助罪が成立すると解すべきである。

日本の法廷も両用技術に一つの判断を示したことになる。

矛と盾

話題を移す。一〇年代初頭、私たちは著作物の海に投げ込まれたような環境にいる。かつては、著作物に触れるためには書店や劇場に出かけなければならなかった。だがいまは、どこにいようとも、どんな時間帯であっても、テレビ受像機、パソコン、携帯電話などを通じて著作物にアクセスできる。しかもその著作物を簡単にコピーできるように、さらにコピー&ペーストできるようになった。

結果として、入場料をわざわざ支払ってクリケット場に入らなくてもよい、自宅のベランダから隣のクリケット場の試合を見ることができるではないか、というようになった。このクリケット場の比喩は、じつは英国の著作権訴訟（BBCエンタプライズ対ハイテク・エクストラビジョン、高等法院、一九八九年）で被告が述べた言い訳であった[4]。それは宇宙から降ってくる著作物、つまり衛星放送番組に関するものであった。この訴訟は一九八〇年代末のものであるが、その後のインターネットとパソコンの普及が、このベランダ法理を極端に増幅したことになる。

このような環境のもとでは、著作物のほうが自衛しなければならなくなった。このためには、コピーされないような、いやアクセスもされないような手立てを講じなければならない。この手立てを、文脈によって「技術的保護手段」、あるいは「技術的制限手段」と呼ぶ。以下、あわせて「技術的制御手段」と示す。

技術的制御手段とはどんなものか。例を示そう。第一に、相手が自分と契約している当の人物なのか、これを確認する方式がある。権利者はコンテンツ自体を暗号化して送る。契約の相手にはべつに復号のための鍵を渡しておく。多くの場合、この方式はネットワーク系のサービスで使われている。これを暗号化方式と呼ぼう。

第二に、相手が規定のコピー制御の機能を備えた機器を所有しているのかどうか、これを確認する方式もある。権利者はコンテンツに特別の信号をつけて送る。受け手はその信号に反応して当のコンテンツのコピーを可能とするような特別仕様のコピー装置を保有していなければならない。こちらは主として放送系のサービスで使われる。こちらを装置制御方式と呼ぼう。

テレビ放送番組を例にして、もう少し詳しく見よう。じつは、権利者のコントロールする対象は、ユーザーのアクセスなのかコピーなのか、ということがある。画面にスクランブルをかけて何も見せないのか、スクランブルはかけないがコピーはさせないのか。コピーはしているのだが、それを再生させないようにしているのか。

当のコピーにしても、許される回数は一回なのか多数回なのか、まったくダメなのか、ということがある。また、カット&コピーなのかコピー&ペーストなのか、もある。さらに、孫コピーはどうなのか、アナログ接続のコピーはどうなのか、などもある。アナログ接続であればコピーに時間がかかり、したがってコピーの量産には向かない。

問題は、このようなシステムを社会のなかに組み込むためには、この技術を、全国的に、一気呵成に普及させせなければならない、ということである。このためには、上記の諸条件について、その細かい仕様にいたるまで、利害関係者は同意しなければならない。この利害関係者としては、まず創作者、これに著作権団体、映画会社、放送事業者が続く。つぎに、家電機器メーカー、パソコン・メーカーがいる。さらに、消費者がいる。

くわえて、それぞれのセクターのなかの意見も一致していなければならない。だが、現実には、既得権益をもっている組織もあれば、最新の技術をもってここに参入しようと構えている企業もある。

ということで、日本のデジタル・テレビ放送について見れば、「コピー・ワンス」という規格をもつ事業者と、「ダビング10」という規格をもつ事業者が並存している。コピー・ワンスは受信時のコピーのみ可、さらなるコピーをすると元のコピーが消えてしまうという方式である。「ダビング10」のほうは、受信時のコピーは可、くわえてその再コピーは九回まで可、という方式である。九回というのは、一家族三人、一人あたり三台のコピー機器をもっているという想定をもとにしている。

技術には両用性がある、と言った。両用性とは「マッチ・ポンプ」的、あるいは「矛と盾」的と言い換えてもよいだろう(3)。つまり、制御技術があれば、攻撃技術もできる、ということである。攻撃のほうは、関係者の合意とか、全国的な普及とか、そのような厄介な手順は要らない。資金も組織も不要である。その気になった若者が一人いればよい。ナップスターがそうであった。ウィニーがそうであった。「ダビング10」に対しても、発足の一年ちょっとのあと、三〇歳の若者がその攻撃技術を商品化した。

アクセス制御も、コピー制御も

ということで、制御技術が設けられると、それほどの時間を置かずに、その無効化技術——迂回技術、回避技術とも呼ぶ——が作られる。それは、暗号化方式に対しては復号化を図ることによって、装置制御方式に対しては制御信号を除去することによって、可能となる。この

制御技術→無効化技術→制御技術→……

という流れは無限に繰り返されるはずである。私たちはこの矛と盾との連鎖を断ち切らなければならない。この切断は技術にまかせておいては期待できない。とすれば、その外から法律によって強制的に切断しなければならない。これを最初に制度化したのは米国であり、その法律は一九九八年に制定したデジタル・ミレニアム著作権法（DMCA）であった。

ところで技術的制御手段には、前項に示したように、アクセス制御とコピー制御とがある。

だが、この二つは違う。著作権が問題にするのはコピーでありアクセスではない（第4章）。アクセスはコピーに対する事前の行為にすぎない。DMCAはコピー制御とアクセス制御とをあわせて規制した。いっぽう、これを杓子定規的に、いや素直に判断し、日本ではアクセス制御は不正競争防止法、コピー制御は著作権法と、それぞれ手分けしてコントロールすることにしている。

法律の制定にあたっては、さまざまの問題が表面化した。(6) 第一に、著作物ではないデジタル・コンテンツまで無差別にコントロールしてよいのか、ということがある。著作権の切れたデジタル・コンテンツもある。そうしたものをコントロールすべきではない。

第二に、制御すべきはコピーであり、これをアクセスにまで膨らましてしまうのは過剰規制ではないのか、ということがある。

第三に、不正アクセス、不正コピーという単なる行為を非とするのか、いや、そうした機器を製造し、販売する行為を非とするのか、ということがある。単独の行為であれば、コントロールの影響は、まあ、高が知れている。だが、機器の製造や販売であれば、その影響は取り返しのつかない大きさになるかもしれない。

第四に、その機器だが、専用のものにとどめるのか、いや、汎用機まで対象にするのか、ということがある。パソコンは汎用機だが、これまでも侵害用としてしまうのはどうか。過ギタルハ、ナオ、及バザルニシカズ、ではないのか。ここで非両用基準が立ちふさがる。

ということで、話は堂々巡りになりかねない。どんな技術にも両用性があり、したがって、どんな制御技術にも両用性があるから。

フェルテン事件

事件はセキュア・デジタル・ミュージック・イニシアティブ・ファンデーション（SDMI基金）が開発した音楽コンテンツ保護手段SDMI――開発者名と同じ――に関する信頼性テストに始まった。二〇〇〇年、SDMI基金は「SDMIのクラックに成功したものに一万ドルの賞金を与える」と発表した。

コンピュータ科学者のエドワード・フェルテン――プリンストン大学――はこれに応じた。だが、その成果を賞金獲得のためにSDMI基金に伝えるのではなく、それを学会への報告とすることにした。ところがここに米国レコード産業協会（RIAA）――SDMI基金のスポンサー――が割り込んできた。そのRIAAはフェルテンに「フェルテンの行為はコピー保護手段の迂回行為であり、したがってDMCA違反である」という警告状を送ってきたのである。

フェルテンは、自分たちの行為はDMCAを侵害しない、これを確認せよ、とニュージャージー地区連邦地方裁判所に判断を求めた。(7) フェルテンは訴えた。「第一に、論文の出版は保護手段の回避とは違う、したがってDMCAの侵害にはならない。第二に、DMCA

の条文は憲法修正第一条——表現の自由——を侵害するものであり（第10章）、したがって
SDMI論文の発表者、読者、科学者、プログラマ、出版社の権利を侵す」。
裁判所は二〇〇一年に判断を示した。だが、その内容はあっけないものであった。「この訴えには争点がない、したがって棄却する」。争点がないとは、RIAA側が巧みな法廷技術をとったためであった。だが、問題は残った。裁判所がコピー制御とアクセス制御との区別や、DMCAと憲法修正第一条との衝突について、何の判断も示さなかったことである。

フェルテンは計算機学会（ACM）の雑誌『コミュニケーション・オブ・ザ・ACM』の二〇〇〇年九月号に、「技術的アクセス制御は非侵害の学問研究を妨害する」という論文を発表していた(8)。

人文学の研究者がベイコンに関する文献研究を試みたとしよう。かれは「ベイコン」という言葉がどんな文脈で出現するかを調べたい。このために、自分で検索ソフトウェアを作成し、これを使ったとしよう。だが、これをアクセス制御の回避行為と解釈されるかもしれない。その場合、かれはDMCAの侵害者になる（要旨）。

事件のあと司法省はフェルテンに伝えた。「DMCAには免責になる行為があり、ここに

フェルテンの仕事も入る」。つまり、ＤＭＣＡは非両用性基準をもっており、ここに暗号技術を含めていたことになる。

2　制御不可、責任なし

キーワード「自動化」

技術的制御手段もファイル交換も両用技術であった。その両用技術を開発したのは、繰り返すことになるが、いずれも一個人であった。個人でもこれだけのことができる。とすれば、資金と技術と人材とをもった組織がその気になれば、既存の秩序に対して破壊的な効果をもつ両用技術を開発できるかもしれない。じつは、そのような企業がすでに出現している。その企業をグーグルという。この企業のもつ主要な装置は検索エンジンであるが、これが両用技術であり著作権侵害にかかわるのではないか、と疑われたのである。

二〇〇六年、ペンシルバニア東部地区連邦地方裁判所は作家ゴードン・ロイ・パーカーのグーグルに対する訴訟に判断を示した。グーグルの検索エンジンは、アーカイブスとその抜粋――ハイパーリンク・リスト用――を作っている。パーカーは、このアーカイブスと抜粋のなかにウェブで公開している自分の作品が含まれており、これは著作権侵害である、と訴えたのである。

法廷はパーカーの訴えを退けた。グーグルはパーカーの作品を「自動的」にアーカイビングしている。またその抜粋をユーザーの質問に応じて「自動的」に示している。いずれについても、そこに意志の介在はない。したがって、ここに著作権侵害を認めることはできない。[9]

つまり、法廷は「自動的な複製過程」があれば、それだけで自由意志の欠如を示すと判断したことになる。自由意志がなければ直接侵害は——したがって間接侵害も——ありえない。言うまでもないが、自動的な複製過程とは検索エンジンの機能を指している。パーカーは地方裁判所の判断を拒み、控訴した。だが、第三巡回区連邦控訴裁判所も地方裁判所の決定を支持した。

パーカー訴訟の判決文を見ると、「取引の重要商品」というかつてのキーワードが消え、代わって「自動的」というキーワードが現れている。改めて確認すると、「自動的」という言葉はネットコム訴訟の判決（第2章）にあり、それが引用されている。その引用には、プロバイダが自動的かつ一時的に人間の介在なしにデータを蓄積し、そのシステムがユーザーにデータを伝達するときには、そこに自由意志に不可欠な要素は存在しない、とある。

パーカー訴訟の判決は、グーグル検索の自動的な動きもプロバイダのシステムと同じである、と示し、自由意志がなければ著作権侵害もなし、と続けている。これを「非自動化基準」と呼ぶことにしよう。

つまり、侵害の理由を見ると、それは「取引の重要商品（ソニー訴訟）→取引の重要商品&自動的な複製過程（ネットコム訴訟）→自動的な複製過程（パーカー訴訟）」と動いている。言い換えれば、侵害の判定が、

非両用基準→非両用基準&非自動化基準→非自動化基準

と移行してきたことになる。

ここでひと言。「責任という重荷は占星術の時代には星に肩代わりさせることができた」という（アンブローズ・ビアス『悪魔の辞典』）。それがインターネットの時代には自動機械への肩代わりに転じたということ、か。

もうひと言。もし自動機械に責任を課したとすると、その機械に人格を認めることとなり、人格を認めればその機械を人と対等に扱わなければならない。なぜならば米国憲法は奴隷を禁止しているからである。(10)

技術と法律、共進化か？

パーカー訴訟の判決は、検索エンジンは著作権侵害にかかわらないと示しており、その結論は、侵害基準の当否はともかくとして、多くのユーザーにとって素直に受け入れられるも

のであろう。じつは、第一章に紹介したグーグルのオプトアウト条項についても、多くのユーザーは同様の受けとり方をしているかに見える。

そのグーグルの検索エンジンは地球規模の存在である。しかも遍在性をもっている。くわえてその利便性から多くのユーザーに歓迎されるものとなっている。それだけに、グーグルの検索エンジンが持ち込んだ新しいルールは、デファクトの標準として現行の著作権法にとって代わるかもしれない。いや、代わりつつある。

すでに、現行法はこの検索エンジンを適法と言え、と強いられている。二〇〇九年、日本法はこのための条文を導入した。それは、両用技術というものの把握しにくさのためか、それだけに複雑かつ精緻なものとなっている〔コラム3参照〕。レッシグの言った技術的なコードと法的なコードとのあいだの代替関係（第1章）がここにも見られる。技術と法律とが共進化するということか。

技術と法律、あるいは生存競争？

「利己的な遺伝子」という科学的理論、いや、寓話がある。[11] 動物行動学者のリチャード・ドーキンスが言い出したものである。まず、遺伝子があり、その遺伝子は自分自身の増殖を図ろうとするプログラムをもっている。これを自己複製子と呼ぶ。つぎに、その遺伝子のプログラムを実現する乗り物があり、その乗り物が個々の生物である。つまり、遺伝子——自己複製子――が先、生物――生存機械――があと、となる。これがこの寓話の骨子である。

ドーキンスはその説をさらに拡張した。人類の文化にも同様のメカニズムがあり、ここで遺伝子の役割を果たすものが「ミーム」である、と言ったのである。この話を信じるとすれば、私たちの脳には、コピー制度に関する「掟ミーム」とコピー技術に関する「仕掛けミーム」とがあり、双方が生存競争をしていることになる。そして現在、後者が自然淘汰によって多数派になりつつある、ということかもしれない。とすれば、共進化とは言い切れないかもしれない。

ここに利己的な技術があるとしよう。利己的であれば、適法、違法を問わずに自己の増殖を図るはずである。だが、利己的な法律というものは考えにくい。ここに技術のしぶとさがある、と言ってよいだろう。話を拡げすぎた、か、な。

〔コラム3〕 精緻かつ錯綜

検索エンジンに不可欠な複製行為を認めるために、日本の著作権法は、平成二一年度に著作権法を改正した。以下、その条文の一部を引用しよう。読解してくださいとは言わない。文脈をたどってくださるだけでよい。このためには色違いの蛍光ペンを数本使わなければならないかもしれない。読者諸姉兄の読解力を試すようなことをして恐縮である（うざったいと感じられる方は、先に跳んでいただいて結構)。

第四十七条の六　公衆からの求めに応じ、送信可能化された情報に係る送信元識別符号(自動公衆送信の送信元を識別するための文字、番号、記号その他の符号をいう。以下この条において同じ。)を検索し、及びその結果を提供することを業として行う者(当該事業の一部を行う者を含み、送信可能化された情報の収集、整理及び提供を政令で定める基準に従って行う者に限る。)は、当該検索及びその結果の提供を行うために必要と認められる限度において、送信可能化された著作物(当該著作物に係る自動公衆送信について受信者を識別するための情報の入力を求めることその他の受信を制限するための手段が講じられている場合にあっては、当該自動公衆送信の受信について当該手段を講じた者の承諾を得たものに限る。)について、記録媒体への記録又は翻案(これにより創作した二次的著作物の記録を含む。)を行い、及び公衆からの求めに応じ、当該求めに関する送信可能化された情報に係る送信元識別符号の提供と併せて、当該記録媒体に記録された当該著作物の複製物(当該著作物に係る当該二次的著作物の複製物を含む。以下この条において「検索結果提供用記録」という。)のうち当該送信元識別符号に係るものを用いて自動公衆送信(送信可能化を含む。)を行うことができる。ただし、……

まだ続くが、ここまでたどって、やっと一つの文章である。精緻かつ複雑な法律の見本にもなるだろう。文化庁の法案作成者も、一読では理解はできない、と述懐していた。奔放な技術が折り目正しい法律を変貌させているよい例でもある。

第二部

著作権法入門——キーワード集

ほとんどの人、つまりレイパーソンにとって、著作権は、仕事のうえでも生活のうえでも、関心事のすべてではない。その一部にすぎない。このレイパーソンの立場で、著作権というものを私たちの知識体系のなかに位置づけてみよう。

〔読者へ〕第二部は、リニアに――前から後へ――読んでも、ランダムに――拾い読み――アクセスしても、よい。

第4章

著作権法

「著作権法は著作物ではない」

『これはパイプではない』というタイトルをもつルネ・マグリットの作品がある。その絵にはパイプが描かれてはいるが、それは絵であってパイプではない。著作権法も、それ自体は著作物類似のテキストではあるが、それは著作物ではない。これに合点できれば、あなたは著作権法に通じたことになる。

1　表現よし、着想だめ

著作権法

私たちの周囲には、数多くの情報がある。そうした情報のなかで、ある種の条件を充たしたものを拾い出し、ここに「著作権」があると認め、その情報を「著作物」と呼ぶ。これが著作権法の基礎にある[1]。

作家はその作品について、それが自分の意思とはかかわりなく、出版されたり、翻訳されたり、映画化されたりすることを好まないはずである。それを自分の納得のいく方法で実現したいと思うだろう。そのような作家の立場を、画家、音楽家、プログラマなどにまで一般化し、そうした作家を支援するために作られた法律が「著作権法」である。

このように一般化された作者を「著作者」と呼ぶことにしよう。著作権法は、著作者がその著作物の流通をどこまでコントロールできるのか、これを定めた法律である。

何をコントロールするのか。それは著作物に対する「利用行為」をである。したがって、なすべきことは、まず、著作物とは何か、利用行為とは何か、これを定義しなければならない。そこに著作物の利用行為があれば、その人は著作権を利用したことになる。

著作物——その多様性

まず、著作物の定義をしよう。ラスコーの壁画が始まりで、私たちの社会はさまざまな知的作品を創作してきた。まず、テキストとしては神話、叙事詩、抒情詩、法典、教典、小説、哲学書、歴史書、新聞記事、理工系論文など。視覚的な作品としてはイコン、版画、絵画、写真、ポスター、映画、彫刻、伽藍など、さらには、天体図、地図、衛星写真など。聴覚作品としては、民謡、レコード音楽、ラップなど。この他、コンピュータ・プログラム、アニメーションなど。

著作権法は、これらすべての知的作品を一つの概念で扱うことができるという立場をとっている。それが「著作物」という概念である。そして著作物につぎのような定義を与えている。

思想または感情を創作的に表現したものであって、文芸、学術、美術または音楽の範囲に属するものをいう。

キーワード	排除されるもの
思想または感情	外界にあるもの（事実、法則など）
創作的	ありふれたもの
表現	発見、着想
文芸、学術、美術、音楽の範囲	実用のもの

表4・1　著作物の定義

この定義について、そのキーワードの意味を確かめてみよう。それは表4・1のようになる。これは日本法の定義であるが、外国の定義も、まあ、似たようなものとなっている。

この章のサブタイトルに「著作権法は著作物ではない」と書いた。その意味は著作権法を表4・1によってチェックすれば確認できる。読者への練習問題として残しておく（じつは、著作権法は、表4・1による判定を避けて、「法律」をすべて著作物から外すという特例を設けている）。

日本法は著作物の例を列挙している。その物理的な特性を見るとさまざまである。第一に、記録メディアに記録され、そこに固定される著作物がある。言語の著作物（例、書籍）、美術の著作物（例、彫刻）、建築の著作物がある。これを固定型の著作物と呼ぼう。法律上は「複製物」と呼ぶ。

第二に、時間的、空間的に散逸してしまう著作物がある。音楽の著作物、舞踏の著作物などがそうである。「（音楽は）空中に消え、再び捕らえることはできない」（エリック・ドルフィー）。これを散逸型の著作物と呼ぼう。だが、著作権法はここにも著作物は存在していると定めている（米国法では違う）。

第三に、記録メディアから記録メディアへと増殖する著作物がある。たとえば、プログラムの著作物などがこれになる。それを増殖型と呼ぼう。固定型ではコピーを誰かに渡すと手元にコピーは残らない。増殖型ではコピーを誰かに渡しても手元にコピーが残る。

言うまでもないが、現実はさらに複雑である。音楽の著作物はCDに録音されて固定型ともなり、ファイル交換システムのなかでは増殖型になる。

言い方を変えてみる。著作者は最初の作品を何らかの実体——記録メディア——に載せて発表する。その実体は紙であったり、カンバスであったり、空気振動であったり、光ディスクであったりする。この最初の作品をそれが載せられた実体とともに「原作品」——オリジナル——と呼ぶ。

著作権法は、じつは、この原作品のなかに存在するエッセンスを引き出して「著作物」と定義していることになる。そのエッセンスとは何か。記録メディアから剥がされた記号列になる。著作権が対象とするものは原作品ではなく、この記号列としての著作物である。

論理的には、著作権法のコントロール対象は著作物である。しかし、そのコントロールは著作物という概念を介して物理的な実体——複製物など——へと及ぶのである。現実の作品は、物理的には、あるいは消失し、あるいは拡散してしまう。だが著作権法は、著作物を頑丈な概念として扱う。

もうひと言。著作物は、かりに原作品が壊されても盗まれても、保護期間内（後述）であれば、そのまま存続する。また、破れた書籍のなかにも、音程を外した歌唱のなかにも、存在する。現代のプラトニズム、とも言える。

表現／内容の二分法――抒情詩モデル

著作物は、多様な姿、形をしている。繰り返せば、テキストに限っても――そして保護期間について眼をつむれば――それは神話、叙事詩、抒情詩、法典、教典、小説、哲学書、歴史書、新聞記事、理工系論文に及ぶ。いっぽう、表4・1の定義に合致するものを上記の例示から拾うと、もっとも適合するものは抒情詩、逆に、定義になじみにくいものが理工系論文、あるいは新聞記事ということになる。理工系論文、新聞記事には、表4・1から排除される要素を多く含んでいる。

ということで、著作権法にいう著作物の定義は抒情詩をモデルにしたものであり、したがって、著作権の扱いについても、その侵害の有無を含めて、この抒情詩モデルを通しているのである。それはテキストにとどまらない。地図であっても、伽藍であっても、ラップであっても、プログラムであっても、それを抒情詩として扱うのである。

だが、ここには無方式主義（2節）という原則がある。このために、著作権法は抒情詩モデルを尺度として使えば排除されてしまうようなものまで、著作物として認めてしまうこと

	抒情詩型	理工系論文型
何が特色	表現	着想、論理、事実
誰が記述	私	誰でも
どんな記述法	主観的	客観的
どんな対象	一回的	普遍的
他テキストとの関係	なし（自立的）	累積的
誰の価値	自分	万人

表4・2　テキストの型

になる。

抒情詩モデルについて続ける。このモデルの意味を確かめるために、その特性を表4・2として示そう。比較のために抒情詩の対極にあると見られる理工系論文の特性も並べておく[注1]。

表4・2は、具体的な著作物――テキスト――について、表4・1を再構成したものである。ここに見るように、抒情詩型のテキストの特徴は、「私」が「自分」の価値として「一回的」な対象を「主観的」に「表現」として示したものとなる。逆に、理工系論文の特徴は、「誰」かが「万人」の価値として「普遍的」な対象について「客観的」に「着想」や「論理」や「事実」を示すものとなる。

話がくどくなるが続ける。二人の詩人が「太郎を眠らせ／太郎の屋根に雪ふりつむ」というテキストを同時にべつべつに発表することは、確率的に見てほとんどゼロである。このように、抒情詩型のテキストであれば、表現の稀少性は高く、したがってその著作物性――著作権の濃さ――は高い。

いっぽう、誰が解読しても、特定の生物種の特定の染色体の特定の遺伝子に対するDNA配列は同じ表現になる。こちらの著作物性は低く、したがって著作権法のコントロール領域の外へはじき出されてしまう。その記号列にどれほど研究者のアイデンティティが凝縮していようと、どれほどコストや時間が投入されていようと、どれほどの財産的な価値があろうとも、である。じつは、この型のテキストの価値は内容にある。その内容とはテキストの示す着想、論理、事実、さらにアルゴリズム、発見などに及ぶ。

多くのテキスト――たとえば哲学書、未来予測シナリオ、歴史小説――は抒情詩と理工系論文とを両端とするスペクトルのうえにある。その著作物性については、そのスペクトル上の位置を参照すれば、およその見当はつけることができる。

表4・2から、どんなテキストであっても、「表現」と「内容」とを二重にもっている、という理解を導くこともできる。それはフェルディナン・ド・ソシュールの言う「記号表現」と「記号内容」に相当する。抒情詩尺度は、つまり著作権法は、このうち前者に注目し、この表現のもつ価値の程度によって、その記号列が著作物であるのか否かを判断するものである。ここに見られる表現の抽出と内容の排除とを、法学の専門家は「表現／内容の二分法」と言う。

いま価値というあいまいな言葉を使ったが、およそ何であれ、「ありふれた表現」でなけ

利用目的＼著作物		固定型	散逸型	増殖型
そのまま		展示	上映、演奏	――
複製		フォトコピー	録音、録画	デジタル化
移転		譲渡、貸与	放送、送信、ファイル交換	
二次的利用	変形	翻訳、編曲、脚色、映画化、パロディ化 リバース・エンジニアリング		
	組込み	編集、データベース化		

表4・3　著作物の利用行為（例示）

れば、つまり稀少性があれば、それには価値が生じる。著作権法は、テキストの表現の稀少性に注目し、それが際立っているものほど、そのテキストは濃い著作権をもつ、逆であれば薄い著作権をもつと判断するのである。この二分法は著作権訴訟においてよく言及される。争いの対象になった著作物の特性がより抒情詩型なのか、そうではなくてより理工系論文型なのか、この判断によって侵害のありなしを決めることになる。

利用／使用の二分法

著作物に対する操作には、著作権に関係するものと、そうではないものとがある。前者を著作権の「利用」と言う。そのなかには多様な手段があり、これをまとめると表4・3となる。「コピーライト」という言葉は、この操作をすべてコピーとみなすものである。その「コピー」は日常語より多義的である。

表4・3に示した以外の著作物に対する操作を著作物の

「使用」と呼ぶ。この使用に対して著作権法ははたらかない。何が「利用」で何が「使用」か。その判断基準は明らかでない。

著作物の使用のなかには、たとえば、書物の閲覧、建築への居住、プログラムの実行などが含まれる。したがって、海賊版の出版は著作権に触れるが、海賊版の読書に著作権は関知しない。じつは、利用や使用の事前の操作として著作物へのアクセスという操作がある。これも著作権とは関係がない。

このように、著作権法は「利用／使用の二分法」も設けている。この二分法がないと、著作物の使用、著作物へのアクセスまでも著作権法がコントロールすることとなる。このときコントロールは過剰となり、正常な社会生活までも抑圧してしまう。たとえば、読書のつど、居住のつど、計算のつど、その人は著作者に許可を求めなければならない。ただし、現実には利用と使用との区別が困難な場合もある（2節）。

ということで、表4・3に示したあれこれの操作の周辺に、準利用行為、擬似的利用行為が存在する。技術発展はこのような灰色の利用技術をつぎつぎと生み出している。つまり、技術の発展とともに、著作物の型も、その利用行為のモードも多様化している。この技術発展を著作権法は追いかけなければならない。著作権の分野でモグラ叩き的な議論が繰り返されるのはこのためである。

2　あれも著作権、これも著作権

著作権——入れ子構造

著作権は入れ子になっている。それは図4・1のような構造をもっている。それぞれの権利がどんなものか、その詮索は後回しにして、相互の関係を紹介しよう。

まず、著作権がある。その中身としては財産的権利と人格的権利とがあるが、双方は互いに紙の裏表のようにくっついている。引き剥がすことはできない（この問題については後述）。

つぎに、関連する権利（略称、関連権）がある。これは理念としては、擬似的著作権と言うべきものである。だが、私たちの社会では、実質的に著作権と同等の——あるいはそれ以上の——存在感をもっている。

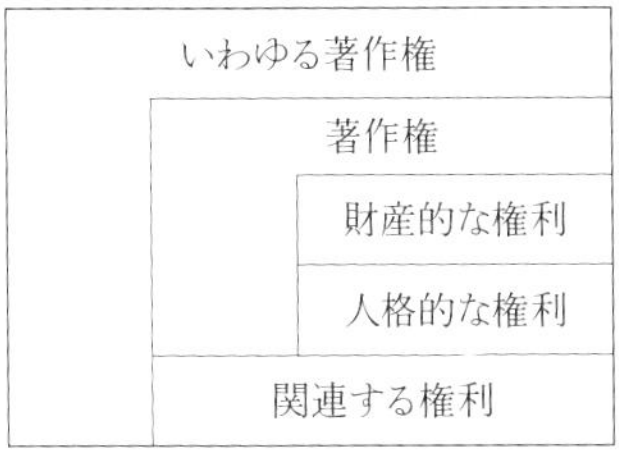

図4・1　著作権の構造

ここで権利の呼称についてひと言。法律の文章のなかでは、財産的権利は「著作権」と、また人格的権利は「著作者人格権」、さらに関連する権利は「著作隣接権」とも呼ばれている。話はややこしくなるが、世間的には、著作権と関連する権利をあわせて「著作権」と言い慣わしている。したがって「著作権」という言葉は、文脈によって、関連権を含む場合、含まない場合、さらに財産的権利を示す場合、この三通りに使われている。

以下、順次、権利の特徴を説明しよう。

財産的権利――その排他性

著作権法をブラウジングしてみよう。このとき、

著作者は著作物に対するXを許諾する排他的権利を享有する。

という条文がやたらと眼につくはずである。

ここにある「許諾する排他的権利」――つまり許諾権――がキーワードになる。このキーワードの意味は、著作者が「Xという行為を他の者がおこなうことを許諾し、または禁止することができる」という意味を示す。その「X」には、どんな行為が入るのか。これはすでに表4・3に示した。

それぞれの「X」に対して「X権」という排他的な権利――複製権、上演権など――が与えられる。その権利の名称は、複製禁止権、上演禁止権、……、と言い換えたほうが、より通りやすい（田村善之）。

ということで、「許諾」「禁止」という言葉が著作権の真ん中で肩をいからしている。これがあるので、著作権はその使命を発揮できる。著作者がダメと言ったらダメ、仮借なし、で

権利	権利の内容
氏名表示権	著作者であることの主張
同一性保持権	著作物の変更、切除などに対する異議申立て
公表権	著作物の公衆への提供の決定
(撤回権)	複製物の流通からの撤回

表4・4　人格権

ある。

表4・3を見ていると、著作物の利用行為は、その定義を際限なく拡張しつつあるのでは、と推測してしまう。じつは、そのとおりである。もう一つ、二次的著作物の利用権の意味は強烈である。これがあるので、原著作者は自分の著作権を、その著作物の一次的ユーザーだけではなく、二次的ユーザーへと及ぼすことができる。こんな具合に、著作権はたくさんの権利を束ねたものとなっている。たとえば小説の著者は、その小説について複製権、翻訳権、映画化権などをもつことができる(それぞれの権利の意味については語感から読みとってほしい)。

人格的権利──その不滅性

つぎは人格権について。この権利は、表4・4に示す四つのサブ権利から組み立てられている。

氏名表示権は世間で言う「オーサシップ」と重なる概念である。また、同一性保持権には「自己の名誉などを害するおそれのあるものに対して」という条件がつけられている。これはきつい条件

	人格的権利	財産的権利
権利を取引できるか	いいえ	はい
作品を変形できるか	いいえ	はい
保護期間に限界があるか	いいえ	はい

表4・5　著作権の特性

である。著作者の気分によって行使されるかもしれないからである。撤回権は日本法にはない。

人格的権利は、第一に、財産的権利とは別個である、第二に、財産的権利が移転したあとにおいても著作者に残る、という特徴をもっている。この二つの特徴はきわめて強い。原理主義的な強さをもっている。著作者は売り飛ばしてしまった自分の著作物についても、その著作物をこの人格権によってコントロールできる。

この権利を著作物の取引後にも乱用されると、その取引が商慣行上は正常であっても、それを否定されてしまうリスクがある。だが、この権利が「人格」という言葉と結びついているので、これに異を唱えることは難しい。世界知的所有権機関（WIPO）は「オーサシップ」を「著作者と著作物とを結ぶ不滅の絆」と示している。

財産的権利 対 人格的権利

ここで人格的権利と財産的権利とを比べておこう。これを表4・5として示す。

先に財産的権利と人格的権利とを引き剝がすことができないと言っ

たが、その二つの権利はこのように水と油の関係にある（もちろん、この難題は、現実には抑え込まれている。ここに法律家の腕の見せどころがある）。

ちょっと頭をひねればわかるが、人格権は著作物の生産者——とくに芸術家——の気分を仕込んだものであり、財産的権利は著作物の流通事業者の欲望を焼きつけたものである。

関連する権利——その恣意性

著作物のなかには、それが創作されたままではユーザーの手に届かないものがある。なぜか。著作者からユーザーへの伝達のプロセスに、創意が必要であったり、コストがかかったりするからである。たとえば、演劇の著作物に対する実演家の寄与、音楽著作物に対する演奏家の寄与などがある。レコード会社にも、放送局にも同様の寄与がある。

とすれば、伝達者にも何がしかの権利を与えるべきではないか。このような主張に応えて導入された権利が「関連する権利」（関連権）である。繰り返すが、「著作隣接権」（隣接権）とも言う。結果として、実演家、レコード会社、放送局に権利が与えられた。どれも財産的権利に類似したものである。ただし実演家に対しては人格的権利も与えられている。

ちょっと視点を変えてみる。実演家の関連権はレコードや放送などの技術によって職を奪われた人を支えるために設けられた。いっぽう、レコード製作者や放送局の関連権はそれぞれが創出した市場を保護する狙いをもっていた。いずれも、保護の対象は、著作権が本来狙っていたものとは異なる。

問題は、保護を受けるものがなぜ前記の三業界だけか、にある。これは関連権が、継ぎはぎ的、場つなぎ的に設けられたためである。ロビー活動の巧みな業界が関連権をものにした、ということだろう。

無方式主義――権利の自動的付与

著作権はどのようにして取得できるのか。著作者は、べつに、これといった手続きをとる必要はない。当の著作物が作られた時点で自動的に与えられる〔注2〕。この大雑把なルールを無方式主義という。したがって無方式主義は、著作物性の濃い薄いを問わず、擬似的な著作物までも含めて、およそ著作物らしいものをすべて著作権法のなかに呑み込んでしまう。そうした万能の道具となる（詳しくは第10章）。

内国民待遇、保護期間――地球規模的かつ長期的

後回しになってしまったが、大切なことがある。それは、権利の及ぶ空間的な拡がり、権利の続く時間的な長さについてである。まず、権利の及ぶ空間であるが、日本で発表された著作物は、外国人のものを含めて、日本法のもとで著作権をもつ。それだけではない。外国でもその国の著作権法によって保護される。これを「内国民待遇」と言う。いま、外国と

言ったが、正しくはベルヌ条約の加盟国では、ということである。ベルヌ条約の加盟国は一六四カ国（二〇〇九年末）にのぼるので、これは地球規模的と見ることができる。

つぎは保護期間について（第5章）の加盟国では、ということである。

つぎは保護期間について（第10章）。国によって、著作物によって、この決め方は多様である。日本では、原則、著作者の死後五〇年間ということになっている。ただし、映画では発表後七〇年間になる。いずれにしても超長期的と言ってよいだろう。

基準として、武器として

ここまで「収益」という言葉はまったく出てこなかった。だが現実には、著作物は市場を流通するあいだに、何がしかの収益をあげる。それを利害関係者間で分配するためのシステムが著作権法ということになる。

著作権法には二つの使い方がある。第一に、正常な取引をするための基準として使う場合がある。ただし手引としてみた場合、現行の著作権法は冷淡である(2)。

第二に、侵害者と争うための武器として使う場合がある。この場合、一般に、元の著作物——オリジナル——とあとに続く著作物——コピー容疑の著作物——との関係が論じられる。ここで侵害ありとするためには、つぎの二つが同時に認められなければならない。それは第一に、コピーらしき著作物がオリジナルと実質的に類似していること、第二に、コピーらしき著作物の著作者がオリジナルの著作物にアクセスしていること、である。

多くの裁判においては、オリジナルと称されているものが著作権法の言う著作物なのか、侵害行為とされているものが著作権法の言う利用行為なのか、などといったところから議論が始まる。

この章の始めに、「情報のなかで、ある種の条件を充たしたものを拾い出し、ここに〝著作権〟があると認め」と言った。だが、これは建前的な言い方で、現実にこのような手順をとるのは、例外的な場合——訴訟において——だけである。この点、著作権法の現場には、あいまいさが、つねに、つきまとう。

著作権法は著作物ではない

およそ情報というものは占有できるものではない。だが著作物は、情報ではあるが、占有できるものと仮想されている。いま、著作物は情報を占有できるようにしたもの、と言った。じつは、この仮想化に無理があり、その辻褄あわせのために著作権法にはややこしさが生じる。

占有とは、それに名札をつけたり、その周りに柵を廻らしたりして、そのものを物理的に支配できることを指す。モノに対してはこの占有ができる。だが、情報に対して占有はできない。逆に、同じ情報を、それを損じることなく、複数の人が同時に使用することができる。

情報は占有できないが、それをできると仮想した制度が著作権法である。つまり、著作権法は物理的に不可能なことを制度的に可能とするものである。

最後にもう一度。最初に「著作権法は著作物ではない」と言った。その理由はどこにあるのか。著作権法は外界にある客観的な情報である。著作権法は道具として使われる情報である。著作権法は多数者によって共有される情報である。どの視点に照らしても抒情詩とは異なる。「特定のいま」、あるいは「特定のここ」を表現する情報ではない。つまり著作物ではない。テキストではあるが、著作物ではない。

私たちの社会にはこのような擬似的著作物は多い。だが、それらを著作権法は、無方式主義の論理で著作物とみなしてしまうのである（第10章）。この野放図さ、ここに著作権法の特徴がある。

注

［1］抒情詩モデルについては加藤周一の「科学と文学」というエッセイから示唆を受けた。(3)

［2］著作権に似た権利に特許権、意匠権などがあるが、どちらも作者が出願し、審査を受けてその独自性を確認してもらわなければ、権利を得ることができない。

第5章

国際条約

二重標準も

この世界には、人格を尊重する国もあれば、ビジネスを優位に置く国もある。アナログ著作物を集積している国もあれば、デジタル著作物の量産を始めた国もある。海賊行為に厳しい国もあれば、そうではない国もある。著作権の国際条約はこのような多様な国ぐにを協調させなければならない。だが、これは現実に困難であり、結果として、そのなかにはさまざまな二重標準が埋め込まれている。

コピーライト・ヘイブンに対して

著作権は国際条約によって支えられている。なぜ国際条約が必要なのか。もし著作権の保護の弱い国があると、その国が海賊版の出版者にとって都合のよい避難先――コピーライト・ヘイブン――になるからである。これでは著作権をもつ者は浮かばれない。これを防ぐには各国の著作権法を連携させなければならない。このためには各国の著作権法の標準化が不可欠であり、条約の役割はこの標準化の指針となることである。

それでは、何を標準化するのか。第一に、権利の保護条件や保護水準を合わせることである。A国で海賊版とみなすのであれば、B国でも海賊版としてみなさなければならない。A国で保護期間を著作者の死後五〇年と定めるのであれば、B国でもそうしなければならない。

	締結年	事務局	加盟国数
ベルヌ条約	1886	WIPO	164
ローマ条約	1961	WIPO、UNESCO、ILO	88
TRIPS	1994	WTO	153
WCT	1996	WIPO	71
WPPT	1996	WIPO	69

表5・1　主たる国際条約(加盟国数は2009年末時点)

その第二は、内国民待遇という仕掛けを作ることである。A国とB国とで保護条件や保護水準が違う場合には、A国はB国民の著作権を自国民に対する著作権と同じレベルで保護しなければならない。こうしたことを揺るがせにすると、その国は先に言ったコピーライト・ヘイブンになってしまう。

著作権関連の国際条約はじつは七つある。そのうち主なものを表5・1に紹介しておこう。

以下、表5・1に示した条約を追いかけてみたい。

ベルヌ条約

まず、ベルヌ条約。これが現行の著作権制度にとって、その原型となっている。(1) ベルヌ条約は二つの特徴をもっている。第一に、一九世紀後半のコピー技術を前提にしてできている。第二に、一九世紀後半のヨーロッパの社会通念を反映している。

ヨーロッパの社会通念の一つに、オーサシップを大切にする理念がある。その証拠にこの条約――明記されたのは一九二八年ではあったが――には人格権が組み込まれている。人格権は人が生まれながらにしてもっている権利と理解されている。

ローマ条約

ローマ条約の正式名は「実演家、レコード製作者及び放送機関の保護に関する国際条約」と言う。この条約は「隣接権」――「関連権」とも言う――を定めたものである。

著作物の伝達に寄与する人や企業は、実演家やレコード会社だけではない。たとえば、出版社はどうか、といった議論もある。現に、このような事業者が隣接権をもっている国も、わずかではあるが、存在する。とすれば、隣接権をとれなかった分野の事業者は、その国において、あるいは世界知的所有権機関（ＷＩＰＯ）に対してのロビー活動が十分ではなかった、ということになる。実演家の隣接権については、そもそもは国際労働機関（ＩＬＯ）が圧力団体になっていた。

ローマ条約のみでは十分ではなく、一九七一年、これを支える条約がもう一つできた。レコード条約である。ここには著作権の世界では禁句になっている方式主義が公然と書き込まれている。二重標準、と言ったらよいか。

隣接権の分野では、著作物に頼らない実演や放送をめぐって議論が繰り返された。鳥の声の録音、即興演奏、オーケストラの指揮者の行為、スポーツの中継放送、フォークロアの実演、など。どれもローマ条約の制定時に議論が始まった。

TRIPS

つぎは、TRIPS。[2] 正式名を「知的所有権の貿易関連の側面に関する協定」と呼ぶ。一九九四年に結ばれた。勧進元は世界貿易機関（WTO）である。WTOの前身はガット（関税および貿易に関する一般協定）、そのガットは一九八〇年代の半ばから、サービス貿易の自由化を目指し、新しい国際秩序を設けようと努力してきた。その視点から知的所有権制度に注文をつけた成果がこのTRIPSである。

TRIPSは、他の著作権条約とは異なるベクトルをもっている。そのために、伝統的な著作権制度から見ると異端的な条文をもっている。その第一は、人格権を外したことである。ありていに言えば、人格権は国際貿易の障害になるという理解がこの判断にあった。このために「ベルヌ・マイナス」と批判された。二重標準がここに生じた。その第二は、「隣接権」を「関連する権利」と呼び換えたことである。隣接権を定義していない米国の圧力に屈したためである。その米国はここに大きい事業機会のあることを見過ごさなかった。その第三は、海賊対策を真正面に据えたことである。もともと著作権制度というものは、著作物に対する海賊対策として設けられたものであった。それにもかかわらず、「海賊製品」という言葉は、なぜか、著作権条約や著作権法に表立って使われることがなかった。だが、TRIPSを見ると、そのなかに注の形ではあるが「著作権侵害物品」の定義がしてある。デジタル技術の大衆的な普及によって、万人が海賊行為の被疑者となった(第2章)。万人をコントロールすることは不可能に近い。とすれば、つぎに海賊版作成行為として何が加えられるのか、予測不可、ということになる。現に、ファイル交換、これを事前に予測した人はいなかった。

TRIPSには、米国の主張が通されている。したがって、この条約は米国の制度を世界規模に拡大する駆動力をもった。

米国の制度

話がもつれるが、ここで米国の制度について紹介しておく。米国は憲法のなかで、知的所有権は法律で決める、と定めている。つまり、知的所有権は、人が生まれながらにしてもっている権利ではない、と示したことになる。その条文を引用しておこう。

著作者及び発明者に、その著作物及び発明に対する独占的な権利を一定期間保障することにより、学術及び有益な技芸の進歩を促進すること。

(土井真一訳)

ご覧のように、さっぱりしたものである［注1］。

この米国はじつはベルヌ条約の加盟国ではなかった。ベルヌ条約の枠の外で独自の制度を練りあげてきた。その独自性の一つが人格権なしという仕組みにあった。その米国が、こともあろうに、一九八九年にベルヌ条約に割り込んできた。このときに、米国は多少の身繕いと化粧直しはしたものの、その基本的な姿勢を変えることはなかった。こののち、ベルヌ条約の秩序には米国流の発想、つまり経済優先、技術優先の発想が染み込むようになった。言うまでもなく、米国は、出版においても、レコードにおいても、映画においても、コンピュータ・プログラムにおいても、世界最大の著作権ビジネスをもっている。その存在感は圧倒的である。

もうひと言。米国には隣接権がない。では、米国のレコードは保護されていないのか。いや、レコードはれっきとした著作物になっている。こんなことがあるので、WIPOの文書を読むと、人格権や隣接権については、歯切れがいま一つ悪い。(3)

WIPO著作権条約

最後はWIPO著作権条約（WCT）について。正式名は「著作権に関する世界知的所有権機関条約」である。この条約は、ベルヌ条約の適用範囲の外に出現した新しい技術的著作物を著作権制度に取り込むために設けられた。この条約は、著作物のリストにコンピュータ・プログラムとデータベースとを組み込んだ。いずれもデジタル技術の成果である。

ここで、デジタル技術の著作権制度に対するインパクトを示しておこう。著作権に関する条約にも法律にも表立っては出てはこないが、一九八〇年代以降、「デジタル技術」は著作権にとって無視できないキーワードになった。その特徴を米国議会の技術評価局――現在は閉鎖――はつぎのようにまとめている。(4)

第一に、容易に複製できる。第二に、容易に改変できる。第三に、容易に他者へ転送できる。また、容易に他者からアクセスされる。第四に、ユーザーに新しい型の行為――検索&リンク――を提供する。第五に、デジタル形式――ビット列――で表現される。第六に、アクセスに道具が必要。

デジタル技術を組み込んだコピー機械は、あのムーアの法則――半導体の集積密度が一年半ごとに二倍になる――によって、年々、劇的に高性能化し、かつ低価格化している。このために、専門家でなくとも、普通の人であっても、これを簡単に購入し、使用できるようになった。同時に著作権の権利者はコピー技術を独占できなくなった。

デジタル技術によって、著作物は変幻自在の存在になった。つまりコントロールしにくい存在になった。このためにWCTは新しい標準を定めた。第一に、著作物のサーバへのアップロードを保護対象とし、第二に、ユーザーの著作物へのアクセスを禁止した。どちらもコピーの事前行為であるが、それまでは保護の対象外であった。二重標準がここでも生まれた。

なぜ、この新しい技術的作品をベルヌ条約に取り込めなかったのか。一九七〇年代以降、ベルヌ条約が凍結されてしまったからである。ベルヌ条約は、そのバージョンアップにあたっては全参加国の同意が必要、と定めていた。このルールが仇《あだ》となった。南の諸国が著作権の強化に反対したのであった。おりしも冷戦の真っ只中、先進国も国際機関のなかでは多数派工作をせざるをえず、このために南の諸国の意向を無視できなかった。こんな背景があったので、別立てのWCTができた。

WCTと同時に「WIPO実演及びレコード条約」（WPPT）も設けられた。ここでレコードの定義を見ると、ローマ条約の「音の固定物」からWPPTの「音を表すものの固定物」へと変化している。「音を表すもの」とはデジタル信号を指している。

二重標準の表面化

最初は芸術家を尊重すれば、それでよかった。だが、ここにレコード、放送などが割り込んできた。さらに、ユーザーが高性能のコピー技術を駆使し、みずから創作に手を出すようになった。そしてついに、情報の越境流通が日常化し、地球規模の海賊版の扱いを無視できなくなった。著作権制度は、こうした状況に対応し、すべてを呑みこんできた。それは、アドホックに、その場しのぎ的におこなわれてきた。結果として、互いに異なる標準をもつ国際条約が並立してしまった。これを例示的に表5・2として示す。制度設計における試行錯誤がこのように続いている。

	あり	なし
人格権	ベルヌ条約	TRIPS
著作物の固定要件	ベルヌ条約（一時期）	ベルヌ条約、WCT
コピーの利用可能化の保護	WCT	ベルヌ条約
アクセスの保護	WCT	ベルヌ条約
有線と無線の区別	ベルヌ条約	WCT、WPPT
非著作物の実演などの保護	WPPT	ローマ条約（?）
方式主義（レコード）	レコード条約	WPPT

表5・2　国際条約の二重標準（例示）

表5・2は専門家に批判されるリスクがある。なぜかと言えば、これらの条約には膨大な関連文書がついており、その文書は当の条約が過去の諸条約と無矛盾であると主張しているから。ただし、その論理は晦渋《かいじゅう》であり、レイパーソン——法律家は一般人をこう呼ぶ——には神学的な護経論とも見える。だから、ここではレイパーソンの理解で押し切らせてもらう。

試行錯誤のたびに、制度は膨張し、同時に複雑になっている。イソップに、ウシの真似をするカエルの話がある。そのカエルの腹は呑みこんだ空気があまりにも多かったために、ついに破裂してしまう。

注

［1］米国憲法には二つの権利が示されている。一つは著作者に与えられる著作物に対する権利、もう一つは発明者に与えられる発明に対する権利である。前者が著作権、後者が特許権、ということになる。

第三部

過去――試行錯誤

二〇世紀後半、著作権の領域にさまざまな技術手段、さまざまなビジネスが参入してきた。結果として、著作権法は、そのなかに、試行錯誤的に、部分最適の発想で、あれこれのサブシステムを継ぎ足してきた。このために、著作権法は、法律としては珍しく、そのなかに不確定性、あるいは予測不可能性を抱え込むようになった。

第6章

録音録画装置

市場の失敗

消費者という存在が著作権法のなかで表沙汰になったのは、テープ・レコーダの出現したときであった。消費者は自前で音楽の著作物をコピーできるようになり、その結果、著作者は得ることができたはずの利益を失うこととなった。これを償う仕組みとして録音録画補償金制度が設けられた。

1　概括的・統計的・匿名的

ビジネス・モデル――あれもこれも

著作物は市場で取引する商品としては欠陥品である。買い手がオカネを支払って入手しても、それを自分のものとして占有できないからである。とすれば、買い手は買い控えるだろう。売り手としても、これを放置できない。だが、打つ手はない。市場は役に立たない。その効率性を発揮できない。ここに「市場の失敗」がある、と言ってもよいだろう。

本論に入る。著作物を商品という視点で考えてみたい。そのために、著作物とその対価の交換について、その型をモデル化すると、表6・1のように三つになる。ここで言う対価とは、とりあえずは著作権料として理解してほしい（ビジネスの世界には原盤権、シンクロナイゼーションの権利などという擬似的な著作権も動いているが、ここでは立ち入らない）。

まず、固定型の著作物（第4章）がある（モデルA）。たとえば、書籍。これはモノ――たと

	例えば	著作物の流れ	対価の流れ	主たる仲介者
モデルA	書籍	著作者 →消費者	消費者 →著作者	出版社
モデルB	放送	著作者 →消費者	第三者（広告主） →著作者	放送局、 著作権管理団体
モデルC	ファイル 交換	消費者 →消費者	第三者（電子機器メーカー） →著作者	事業者団体、 著作権管理団体

表6・1　対価の流れ、著作物の流れ（例示）

えばネジ——と同じ型で取引される。商品とその対価とが売り手と買い手とのあいだで交換され、売り手は対価をきちんと取り立てることができる。ここでは、たとえば出版社が、著作者と消費者とのあいだの仲介者になる。

つぎに、散逸型の著作物（第4章）——サービスとしての著作物——がある（これもモデルA）。たとえば、音楽の演奏会。ここでは現場に居合わせたものだけが当の著作物を鑑賞、つまり購入できる。こちらも売り手と買い手のあいだで商品と対価とが交換される。ただし、著作物はモノに固定されていない。また、エージェントとしての利害関係者——例、演奏家、レコード会社など——が多い。このためにシステム全体の管理にかかるオーバーヘッドが大きくなる。これを実施するためには専門的な仲介者が必要になる。それが著作権管理団体——例、JASRAC——と呼ばれる組織である。

ここに、放送というメディアが出現した。放送用の著作物については、売り手はその買い手がどこにいるのか、それを捕捉する手立てをもたなかった。市場の失敗である。このために、対価を第三者――例、広告主――に転嫁するビジネス・モデルが生まれた（モデルB）。その第三者は対価を製品価格に組み込んでいるはずであるが、消費者はそれを意識しない。消費者は著作物を無償であると思い込んでいる。

二〇世紀の後半になると、「著作者→消費者」という在来の著作物の流通路に変化が生じた。その先に「消費者→消費者」という流れが割り込んできた。消費者がみずからコピー機械をもち、コピーを生産するようになった。フォトコピーが生まれ、録音用テープ・レコーダがこれに続いた。話が先走るが、二一世紀になると、ここにファイル交換技術が加わる（第2章）。消費者の作るコピーは市場に逆流し、それを売り手の著作者はコントロールできなくなった。「市場の失敗」があらわになった。

私的使用、再考

私的使用とは消費者をコントロールの外に置くことを指している（第2章）。消費者のコピー行為は、かりに存在しても、それは取るに足りない量であり、お目こぼしの対象となる、ということである。法律は家庭に入らずという格言もある。

私的使用が理にかなっていることについては、西ドイツと米国にある判例がよい説明を示している。これを表6・2として紹介しよう。第一、第三についてはこの章で参照する。第二については第3章に示した。

	当事者	訴因	判決
西ドイツ 1950年代	音楽著作権管理団体 対 機器メーカー	テープ・レコーダによるレコードの家庭内録音	補償金の制度化
米国 1980年代	映画会社 対 機器メーカー	VTRによる放送番組の家庭内録画	私的使用容認
米国 1990年代	音楽出版社 対 機器メーカー	DATによるレコードの家庭内録音	和解 補償金の制度& コピー回数限定

表6・2　私的使用の訴訟例

テープ・レコーダ以前の時代、消費者は市場に流通する著作物をコピーする能力をもたなかった。かりにコピーができたとしても、そのコピーには手間隙《てまひま》がかかり、その品質はオリジナルより劣化するものであった。この前提があったので、消費者に「私的使用」という特権を認める原則ができた。

顧客か侵害者か

伝統的な制度の前提は、二〇世紀後半になって、オーディオ・テープ・レコーダ（以下、テープ・レコーダ）の出現によって壊されてしまった。[1] 一九五〇年、西ドイツの音楽演奏権・機械的複製権協会（GEMA）はテープ・レコーダのメーカーを相手に警告状を送った。「ラジオ放送またはレコード演奏をテープ・レコーダによって録音することは、著作者、レコード製作者、放送事業者の権利を侵す」。

当時の西ドイツ著作権法は、

私的使用のための複製は、著作物からの財産的な利益の取得を目的としない限り許される。

と規定していた。消費者は、この規定によってテープ・レコーダによる複製は自由であると考えていた。メーカーもこの解釈にそってテープ・レコーダを生産し販売していた。そこには「音楽の録音と再生ができる」という宣伝文があった。GEMAはこれに抗議したことになる。テープ・レコーダという技術成果が、消費者には複製技術の私有化という「光」を与え、音楽関係者には利益の喪失という「影」をもたらしたことになる。

GEMAは主張した。「現行法は一九〇一年に制定された。この時点では、複製とは楽譜の筆写のことであった。これはテープ・レコーダによる複製とは違う。どこが違うか。第一に、筆写は専門家しかできないが、テープ・レコーダによる複製は誰にもできる。第二に、筆写は複製のみだが、テープ・レコーダでは複製に再生がともなう」。メーカーは答えた。「消費者が財産的な利益を得ているかどうかが問題である。消費者を管理できないということはべつの課題である」。

これが発端であった。GEMAと電子機器メーカーとは、こののち裁判を繰り返す。それは、三度、連邦最高裁に達した。GEMAはメーカーに対して「コピー機器の購入者名を流通業者経由で入手し、それをGEMAに渡せ」と訴えたのであった。
最高裁はこの訴えを拒んだ。「メーカーは消費者の侵害行為について共同責任をもつ。だが、消費者の氏名を挙げることはプライバシー侵害になる」。この結果は、先の結論を増幅した。複製技術という「光」は、著作権侵害という「影」とプライバシー侵害という「影」を同時に生じさせたことになる。

妥協

ただし、この判決は一つの妥協案を示した。「メーカーはGEMAに著作権に相当する報酬を支払え。その報酬は機器の価格に上乗せして消費者に転嫁せよ」。メーカーは、第一に、消費者の侵害行為に共同責任をもち、第二に、この事業で収益をあげている以上、この役割を負うべき義務がある。これが妥協案の根拠づけとなった。一九六四年であった。
この判決にしたがって、西ドイツ議会は著作権法を改正した。新しい著作権法は、
私的使用のために、放送、ビデオ、レコードの複製が予想される場合には、その可能性について、著作者は複製機器のメーカーに対して報酬の支払いを請求できる権利をもつ。

と定めた。ここに、初めてハードウェア・メーカーに報酬の請求を肩代わりさせる権利が成立したことになる。一九六五年であった。

これによって、著作権料は「消費者→メーカー→著作者」という流れで取り立てることになった。このうち「メーカー→著作者」の流れが補償金となる。「消費者→メーカー」の分は消費者が機器のコストの一部として意識するものとなる（表6・1、モデルC）。なお、モデルCにおいて、著作物の流れが「消費者→消費者」とあることに注意してほしい。

この条文を具体化するために、私的複製権センター（ZPU）という使用料徴収機関が設立された。ZPUは、業務の運用にあたって、さまざまな障害にぶつかった。まずメーカー各社は補償金算定の基礎となる売上高の通知を渋った。そこで、ドイツ工業協会が窓口となり、ここで各社に対する配分比を決定することとした。

これに対してメーカー側から「改正著作権法はそれ自体が違憲である」という訴訟が出された。「第一に、複製機器の製造すなわち著作権侵害ではない。これは法のもとでの平等に反する。第二に、著作権侵害には直接関係しないメーカーにオカネを支払う義務を課するというのは、公共事業における土地収用に似ている。私的な権利にすぎない著作権を保護するために公用収用という仕掛けを持ち出すのはいかがなものか。第三に、メーカーは強制的に課金され、結果として企業活動を抑圧されることになる。これは職業選択の自由に対する脅威となる。ここにも不公正がある」。複製技術という「光」は社会的公正の歪曲という新しい「影」を導いた、それでもよいのか、ということであった。

だが、憲法裁判所は訴状に示された理由を認めなかった。「第一に、メーカーへの課金に問題があるにしても、消費者個人のプライバシーを侵害することと比較すれば、補償金の支払いには十分な理由がある。第二に、一括報酬で不安定な状態に置かれるのは著作者であってメーカーではない。第三に、著作者と消費者とのあいだで利害の衝突を作り出したのはメーカーであり、メーカーはそれによって利益を得ている。したがって、メーカーが双方の衝突を調整することは理にかなっている」。一九七一年であった。

西ドイツにおける制度変革は、まだアナログ方式の録音・録画の時代におこなわれたものであったが、このシステムは「西ドイツ方式」としてしだいにヨーロッパ諸国、米国へ、そして日本へと普及した。

先に言った消費者の負担については二通りの方式が設けられた。その第一は、いま言ったように、補償金すなわちメーカーのコストである、と見る制度である。その第二は、補償金はメーカー経由で消費者から支払われる、と仮想化する制度である。日本は後者の方式をとっている。

許諾権の喪失

著作者は、本来、自分のどの作品が消費者にどれほど使用されたかまでコントロールできなければならない。だが、この一括課金方式によって、自分の作品がどのようにして消費者に流れているかを確認する術を失ってしまった。同時に、自分の著作物を誰が使おうと、無差別に許諾しなければならなくなった。

ここで三つの論点が生じた。第一に、著作者は著作権の鍵となる許諾権（第4章）を失った。伝統的な原則が消えた。第二に、消費者は私的使用（前述）という特権を失った。もう一つの伝統的な原則も消えた。第三に、第三者のメーカーは補償金というコストを新規に負担することになった。新しい原則が生じた。

問題は新しい原則の正当化にある。私たちの社会には「私的自治の原則」さらに「契約の自由」という理念がある。この理念に照らすと、ここにいう補償金という制度は何とも奇妙なものに見える。

補償金とは、たとえば土地収用に対して公権力が支払うものである。だが、メーカーは公権力ではない。では課徴金か。課徴金というには税金でなければならない。これは税金ではない。では和解金か。和解金というのは法的な紛争に対するものである。この制度を導入したすべての国に法的な紛争があったわけではない。では賠償金か。賠償金というにはメーカーに過失があり消費者に損害がなければならない。いずれもなかった。ということで、補償金という制度は座りが悪い。

しかも、著作者は「何らかの基準」によって算出された金額を受けとる。その「何らかの基準」とは、著作物——例、レコード——の生産実績だったり、著作物使用——例、レンタル——のサンプリング統計であったりする。いっぽう消費者は、その著作物のコピー回数の多寡にかかわらず、いや著作物を複製しなくとも——家族の声や鳥の囀《さえず》りの録音もありうる——一律にこの補償金を支払わなければならない。

これについて、ジャック・アタリ——フランスの高級官僚——は「音楽ではないものの交換価値の割合に応じて、音楽に対する権利を支払わせようとすること」、あるいは「作者の報酬が、概括的、統計的、匿名的な、つまり作品それ自体の成功とは別個のものでしかなくなってしまう」と指摘している。(2)

補償金制度によって、複製技術という「光」は、著作者に許諾権の喪失という「影」を、消費者に私的使用という特権の喪失という「影」を、あわせて第三者に新しい義務とコストを課するという「影」を、それぞれもたらしたことになる。

なお、ここにいう「概括的、統計的、匿名的」な取引方式は、一見、伝統的なビジネス・モデルに反しているかに見える。だが、これと類似の迂回的な取引方式は、すでに民間放送が実現していた方式B（表6・1）である。

さらなる拡張へ

時間がとんで一九八〇年代になると、オーディオ用メディアとして、オリジナルの品質をまったく損なうことなしに無限回コピーを繰り返すことのできる装置が開発された。DAT（Digital Audio Tape）である。(3)

DATをどう扱ったらよいのか。一九九〇年代になると、米国ではこれをめぐって利害関係者の意見が割れ、ついに訴訟へといたった（表6・2）。訴訟は仲裁によって収束したが、これは議会が新しくオーディオ・ホーム・レコーディング法（AHRA）を制定したためであった。

AHRAは、第一に、西ドイツ方式（前述）の導入はデジタル方式のコピーに限るというルールを設けた。アナログ方式のコピーを除いたのは、これがすでにあまりにも広く普及しており、ここに新しい制約を持ち込むと既存秩序が混乱するだろうと予想されたためであった。

AHRAは、第二に、SCMS（Serial Control Management System）をDAT装置に組み込めと定め、これをメーカーに義務づけた。SCMSは二世代以上のコピーを禁止する技術であった（じつは、DATは当初の期待に反して商品としては成功しなかった。著作権をめぐる議論に引きずられて市場に出遅れたのである）。

とにかく、補償金制度は著作権ビジネスのなかで一定の位置を占めるようになった。だが、複製機器というものは、どんなものであれ、やがては市場に溢れてしまう。つまりその売れ行きが鈍る。これでは、著作者側は満足できない。

ここで記録メディアに眼がつけられた。その対象は、アナログからデジタルへ、くわえて、オーディオ用からビデオ用へ、テープからディスクへ、磁気方式から光方式へ、というように拡がった。ただし、こちらは製品の寿命が短く、やはり永続性を充たせない。

装置にもどると、補償金制度は専用のコピー機器に限らず、同時に、汎用の周辺機器にも、その触手を拡げている。MP3プレーヤについて見ると、二〇一〇年時点で、オーストリアでは一五・〇〇ユーロ、フランスでは二五・〇〇ユーロ、ベルギーでは三・一五ユーロ、オランダではゼロ、となっている。プリンタにも、携帯電話にも、iPODにも、パソコンにも、各国がバラバラに課金している。こうしたパッチワークはEU単一市場という理念に反するではないか、という意見もある。

2　反概括的・反統計的・反匿名的

許諾権の復活

一九九〇年代後半にいたり、複製機器メーカーの反撃が始まった。補償金の賦課は製品コストを引きあげる、これは望ましくない。これが本音である。

おりもよし、インターネットの普及とデジタル技術の発展によって、ネットワーク上の取引を個別にコントロールできるようになった。この方式をデジタル権利管理（DRM：Digital

Rights Management）と呼ぶ。その狙いは、表6・1に示したすべての流通方式について、それらを一望監視システムのもとに置くことである。

技術に立ち入ることは避けるが、消費者のなかにデジタル型のコピー機器が普及したことが、皮肉なことに、ＤＲＭの社会基盤を作ってしまった。デジタル方式のコピー機器は、現在、ほとんどの場合、ネットワーク化している。たとえばパソコン、そして携帯電話。くわえて、どちらにも個人用の識別記号――パスワード、電話番号など――がつけられている。

個人用の識別記号がついているということは、すでに誰かがその個人を外からコントロールしていることを意味している。とすれば、表6・1に示した仲介者や著作権管理団体も、その誰かになれる。あるいは、その誰かにコントロールをアウトソーシングできる。

そのコントロールであるが、ここに著作物取引の業務も組み込むことができる。すでに実現しているシステムもある。たとえば、アマゾンによる書籍やＣＤの販売。あるいはアップル社のｉＴｕｎｅｓストアによる音楽配信サービス。これによりＢ型、Ｃ型の流通方式はＡ型へと再構成される。

もう一点。アマゾンの場合には著作物はモノであるが、アップルの場合にはそれはデジタルの記号列である。デジタル型の著作物であれば、これをネットワーク上でコントロールできる。暗号化して特定の受け手だけがその著作物を消費できるようにできる。あるいは電子透かしを入れて第三者による海賊行為を発見しやすくできる。これによりＣ型の流通方式は抑止される。
デジタル型著作物のメリットは、まだある。第一に、その生産、流通のコストを格段に小さくすることができるので、著作物の低価格化が実現する。第二に、ロング・テイルの先にあるマイナーな著作物までも品揃えできる。第三に、著作物のパッケージ売り——例、年間購読、アルバムCD——を止めて、それをばらばら——例、記事単位、楽曲単位——にして販売できる。第四に、在庫切れもなし、即時配達もできる。どれも消費者に歓迎されるだろう。

話が後回しになったが、DRMの効果を発揮するためには、もう一つ、著作物にユニークな一連番号を振らなければならない。たとえば、書籍にISBN（International Standard Book Number）があり、学術ジャーナルの記事にDOI（Digital Object Identifier）があるように。

二一世紀に入り、DRMを導入する事業者が出現しつつある。これによって、市場の失敗はあるいは克服できるかもしれない。そんな可能性も見えてきた。同時に、補償金制度は消費者、電子機器メーカーから不透明な存在として非難される存在になった。

だが、どうだろう。補償金制度を設けるきっかけになったプライバシー侵害のリスクをDRMは残している。補償金制度が設けられて半世紀、著作権侵害はいぜんとして「影」であるが、プライバシー侵害を「影」として意識する人は少なくなったかに見える。

補償金制度――その可能性

補償金制度はその対価を、買い手からとるのではなく、第三者からとるということによって評判はよろしくない。だが、対価の支払いを買い手以外に回すという方式は、じつは、この社会に少なくない。その例としては、表6・1のモデルB、つまり広告モデルがあり、これは私たちが、すでに、新聞、放送、そしてグーグルでなじんでいるものである。

このツケを回すというモデルには、この他、保険サービス、そして政府によるあれこれの補助金、さらには税金というものがある。こうした脈絡のなかで考えてみると、買い手が直接に対価を支払うという方式は、私たちの社会のなかでは原則的なモデルではなく、一つのモデルにすぎないのかもしれない。英国では、ラジオ放送の草創期に、番組の制作費を番組表や真空管に課金するというアイデアがあったという。

考えてみれば、著作権は、本来、著作者支援のための、また実演家への関連権は失業対策のための社会政策的な仕掛けであった。この発想を拡張すれば、公共的な狙いをもつ権利制限――公正使用（第10章）――への負担、また法的な措置をとりにくい侵害対策（第2章）への負担、こうした負担に対してこの補償金を回すという枠組みがあってもよいだろう。

デジタル形式の著作物は、つねに新しい形式のものとして、新しいバージョンとして市場に出されている。くわえて、そうしたものの価格は、これも劇的に低下し続けている。この結果、同じ種類の著作物が、同時に表6・1のすべての型の流通路をとるという状況も現れてきた。たとえば、モデルCのコピーは自由、モデルAのライブ演奏で収益をあげるという音楽著作物に対するビジネス・モデルも出現してきた。(4)(5)

このような環境のもとで、前述のDRMが代金回収のための有効な手段になりうるだろうか。有効な手段となるためには、当のシステムの標準化とその普及が前提となるだろう。つまり、そのシステムが、一定の期間、一定の範囲で固定されなければならない。これは、変化し続けるデジタル形式の著作物にはなじまない。もう一つ、かりに成功したDRMが出現したとしても、ただちに「矛と盾」の論理(第3章)により、当のDRMの無効化技術が発表されるはずである。

とすれば、私たちは、補償金制度のもつ知恵を再点検し、そのさらなる発展を試みてもよいかもしれない。(6) 幸いにも、すでに示したとおり、EU諸国においては、ハードウェアに補償金をかけるべしといった制度が生まれている。これを、たとえばネットワークの利用料金にも拡張してみる、という発想もあるだろう。

第7章

コンピュータ・プログラム

機械すなわち著作物

コンピュータ・プログラムは、その保護について、一九八〇年代に多くの議論が重ねられた。結果として、その保護は著作権でということにはなったが、このときに「著作物」という概念をあいまいのままに残してしまった。このために、その後、著作権という法システムは途方もなく膨らんでしまった。

1 文学的著作物か――はい、そして、いいえ

そもそも論①

コンピュータ・プログラム（以下、プログラム）は著作権の対象になるのか。これは、コンピュータ利用の草創期、一九七〇～八〇年代から議論されてきた。その論点はつぎの三つであった。第一に、保護すべきものであるとして、著作権で保護できるのか。第二に、著作権で保護した場合、それで不都合は生じないのか。第三に、そもそもプログラムは保護すべきものなのか。

どれも、プログラムが著作権によって保護されるという命題を自明のものとしてはいない。プログラムって何、といったそもそも論から始まっている。当時、すでにプログラムは一筋縄では扱えない代物である、と認識されていたためであった。

これらの議論は、表7・1に示すように、国際的な拡がりをもってなされた。注目すべき

年次	主体	報告書
1973	著作権審議会（日本）	第2小委員会（コンピューター関係）報告書
1977	ウィットフォード委員会（英国）	著作権・意匠権に関するウィットフォード委員会報告
1978	著作物の新しい技術的利用に関する全米委員会（米国）	最終報告書（CONTU報告）
1978	世界知的所有権機関	コンピュータ・ソフトウェア保護モデル条項
1983	産業構造審議会（日本）	情報産業部会中間報告 中間答申第三分冊
1984	著作権審議会（日本）	第6小委員会（コンピュータ・ソフトウェア関係）中間報告
1986	議会技術評価局（米国）	電子・情報時代の知的所有権
1988	EC委員会	著作権と技術の挑戦に関するグリーン・ペーパー

表7・1　コンピュータ・プログラム保護の関連資料

は、どの検討会においても、この主題がさまざまな文脈――哲学的、技術的、ビジネス的、法学的――のなかで議論されたことである。

先に進む前にひと言。プログラマにとっては「著作物（work）」という用語にはなじめないかもしれない。代わりに、「記述（description）」と言ってみたほうがよいかもしれない。

プログラムは「0」と「1」とが、えんえんと続く記号列である。これは機械に対する命令である。だから人間の脳には複雑にすぎ、人間の眼には単調にすぎる。つまり人間には理解できない。人間の理解できないもの、機械に対する命令、そうしたものを著作物としてよいのか。この疑問が根っこにあった。

著作権の保護対象か

まず、プログラムは著作権の対象になるのか、ここから始めよう。著作権の対象になる、ということは、その作品――知的創作物――が著作物である、ということを示せばよい。ここで著作物の定義を思い出そう。それは抒情詩をモデルとしたものであり、表4・1に示すキーワードによって特徴づけられるものであった。そのキーワードとは日本法では「思想または感情」「創作的」「表現」「文芸、学術、美術または音楽の範囲」であったが、ベルヌ条約に遡れば、それは「文学的および美術的著作物」であり、その中心には「創作性(originality)」という概念があった。そこでこの創作性だが、それは著作者自身によるもの、他の著作物から複製したものではないこと、これを意味した。この視点で見ると、プログラムの著作物性には疑義があった。なお、文学的著作物(literary works)は言語の著作物として理解すべきではないかとの説もある。

第一に、プログラムはプログラマという人間が作成したものではあるが、そのプログラムのなかには数学的な、あるいは物理学的なアルゴリズムもある。たとえば、技術標準にかかわるプログラム。ここに注目すれば、それは人間の外にある客観的な存在ということになり、著作物とは言い切れない。米国には、すでに複式簿記の様式は著作物にはならないという判例があった〔コラム4参照〕。

第二に、一九七〇年代、「ソフトウェア工学」という方法論を確立したいという運動があり、NATO科学委員会が研究会を組織したことがある。(1) 会議の議事録を見ると、プログラマは小作人だといった発言もあるが、この会議の目指したことはプログラマの個性を称えることではなく、その工学化を、つまり脱個性化を図ることであった。これが草創期のプログラマの意識であり、現に、当時のプログラムはすでに集団制作であった。

にもかかわらず、プログラムは著作物であるという意見はどこから出てきたのか。それは上記の「文学的および美術的著作物」に属するのか、という論点から生じた。そこには「表現の方法または形式を問わない」と述べられていた。そこで、プログラムは記号列であり、記号列であれば文芸の著作物である、したがって著作権の対象になる、という論理が作られた。

NATOの会議で評判になった言葉が「ソフトウェア危機」であった。この言葉は、その後、大規模プログラムは作成できない、プログラマの数が絶対的に不足する、そのような文脈で使われるようになった。いまにして思えば、この言葉、プログラムにはきちんとした保護制度を見つけることができない、と読むべきだったのかもしれない。

機械ではないのか

プログラムは著作物ではない。それは機械ではないのか。こんな異論もあった。コンピュータは機械であり、したがってそのサブシステムであるプログラムも機械である。機械であれば、それは工業製品であり、規格品であり、量産品である。そのようなものが、著作物であるはずはない。

プログラム以外の著作物は、すべて人間が作って人間に伝えるものである。つまり、コミュニケーションのためのメッセージとなる。だが、プログラムは違う。それを作るのは人間だが、受け手はコンピュータ・システムという機械である。つまり、人間が機械へ与える命令である。このようなものを、著作物と言ってよいのか。これは、CONTU（表7・1）においてジョン・ハーシーはその懸念を「これは小さい犯罪である。……その小さな犯罪とは、技術に対する人間の優位性を、人間に対する技術の優位性へと変えてしまうことを支持し、かつ先導することを指している」と述べている。[2]ハーシー——あの『ヒロシマ』の著者——の懸念したことであった。

いや、それでも著作物である、という異論もあった。オーディオ機器を見よ、ここでは著作物は機械に記録されているが、その出力はコール・ポーター（注：「ビギン・ザ・ビギン」の作曲家）だったりする。つまり著作物である。プログラムも著作物を出力する。たとえばワープロ用ソフト、あるいはCAD（Computer-Aided Design）用ソフトがそうだろう。

だが、この反論にはさらなる反論が出された。出力がつねに著作物になるとは限らない。交通管制の場合はどうか。ビルの空調の場合はどうか。副委員長のメルビル・ニマー——著作権法の大家――は、それでもプログラムは著作物である、と歯切れの悪いコメントをつけ足した。

ニマーが無理と知りながらも「プログラム著作物」という議論に賛意を示したのには理由があった。二〇世紀初頭、自動ピアノの紙テープを著作物ではないと示した判例があった。そこにはテープ上の信号――空孔のパターン――は人間の理解できるものではなく、したがって著作物ではない、とあった。この判例は、その後長期にわたり、レコードを著作物として認めることを阻んできた。この轍を繰り返してはならない。ＣＯＮＴＵではこんな議論がなされている。

視点を変えよう。著作物にはオリジナルがあり、オリジナルにはオーラがある、と言う哲学者ヴァルター・ベンヤミンもいる(3)。つまりオリジナルに価値があり、コピーするほど価値が低くなる。だが、工業製品は違う。オリジナルの価値は修繕や改造によって劣化を避けることができる。プログラムはどうか。バグとりを続けながら、しだいに品質をあげていく。この点、著作物とは言えない。

プログラムを著作物と見るとは、このような異論に眼をつぶったことを意味している。だが、この異論はいまでも乗り越えられてはいない。

ここでプログラムを法律家はどう理解しているのか。ひと言、つけくわえよう。プログラマはプログラムを、

仕様書→ソース・コード→オブジェクト・コード

のプロセスにしたがって作る。

ここで注を一つ。ソース・コードは、ベーシック・イングリッシュあるいは数学式のような表現をもっている。オブジェクト・コードとは、この命令を「0」と「1」との記号列に翻訳したものである。前者はプログラマには理解できるがコンピュータは処理できない。後者はコンピュータは処理できるがプログラマには理解できない。

話をもどす。オブジェクト・コードが最終的な成果物として、あるいは商品として、市場に流通しており、ユーザーはこれをシステムに組み込む。つまり、現実に価値をもつのはオブジェクト・コードになる。いっぽう、ソース・コードはあくまでも中間生成物である。ただし、法律家はまずソース・コードがあり、その複製、あるいは二次的著作物としてオブジェクト・コードがある、という言い方をする。ただし、ソース・コードがオリジナルかと言えば、そのへんははっきりしない。

著作権で保護できるのか

ここまでは、プログラムは著作権で保護できる、この前提で考えてきた。だが、どうだろう。著作権で保護して不具合はないか、という視点もおろそかにしてはいけない。この点については、世界知的所有権機関（WIPO）が「コンピュータ・ソフトウェア保護モデル条項」（以下、モデル条項）で検討している。[4] これを参照してみよう。

まず、プログラムの主たる利用目的をめぐる論点がある。著作権法は何をコントロールできるのか。それは著作物の「利用」に対してであり、著作物の「使用」に対してはコントロールを及ぼせない。利用とはどんな行為、どんな操作を指すのか。これはすでに表4・3として示した。

プログラムについて言えば、その目的は演算にあり、これは利用ではなく使用である。そこに「演算」という操作は入っていない。したがって、かりにプログラムの無断使用があったとしても、著作権法によって、その行為を阻止することはできない。ということで、著作権法は現実にはあまり役に立たないのではないのか。これが第一の難点となる。

つぎに、著作権法には無方式主義（第4章）というものがある。著作権は、著作物が作成された時点で、その著作者に自動的に与えられる。著作者はどんな手続きをとる必要もない。

無方式主義のもとでは、誰がどんなプログラムをもっているのか、それは誰にとってもわからない。しかも、プログラムの芯にはアルゴリズムがあり、アルゴリズムであれば、誰が書いたとしても互いに類似する場合も多いだろう。とすれば、潜在的には、互いに似たプログラムをもつプログラマのあいだに争いの生じる機会が増える。それを避けようとすれば余計なコストが生じる。これが第二の難点となる。

さらに、著作者人格権の問題がある。人格権には著作物の改変、切除はだめ、という束縛がある(第4章)。しかも、著作物に貼りついており、引き剝がせないという権利である。だがプログラムは保守の過程で変更を繰り返す。その保守はウィンドウズ・アップデートのように、つねに続く。これが第三の難点。

くわえて、プログラムには作成者が自分のアイデンティティの証拠として作品に署名をつける、などという慣行はない。多くの場合、集団制作であり、その管理者は実質的には雇い主である(じつは、著作権法は職務著作物というカテゴリーを作っている)。これが第四の難点。

ということで、著作権法でコントロールしようという試みには無理がある。これが反著作権論の骨子である。

これらの異論があるにもかかわらず、プログラムの著作権はどこの国でも認知されてしまった。なぜか。無方式主義があり、事前に権利の付与を阻む仕掛けがないためであった。なお、米国では当時、著作権の取得に登録という手順が必要ではあったが、それは特許権のように明確かつ厳格な基準をもつ手順ではなかった。

［コラム4］　アイデアの非保護論

著作権法が保護の対象とするのは、著作物の「表現」であって「着想」ではない。これをアルゴリズムに焦点を当てて示した最初の米国の判例を紹介しよう。それはベーカー対セルデンの判例として有名である。

この判例とは、一八七九年に連邦最高裁が示したものであり、セルデンが考案した簡易簿記法の様式に関するものであった。

その様式は複式簿記を基本にし、これを一ページあるいは見開き二ページのなかに、一日、一週間、一カ月の計算を表すようにしたものであった。最高裁はこの様式に対して著作権を与えることをつぎのような理由で拒んでいた。

化合物あるいは薬品の使用方法に関する論文、……、遠近法の効果を出す線の描き方に関する論文、これらはすべて著作権の対象になる。しかし、誰も、論文についての著作権がそこで記述された技術や創作法についての独占的権利を与えるとは主張しないだろう。

誰も、他者の本について、その全部またはその主要部分を印刷する権利、あるいは出版する権利をもつことはできない。だが、この本は（簿記法という）技術に関する説明を伝達することを意図したものである。したがって、そこに記述され図解されている技術それ

自体については、誰でもそれを実行できる。また、使用もできる。（内藤篤訳）

今日、私たちはこのような論理を「表現／内容の二分法」（第4章）として理解している。

2　特許発明か——いいえ、そして、はい

特許権の保護対象か

著作権では不十分ということがわかった。とすれば特許権ではどうか。このような議論になる。だが、プログラムに特許を与えることについても、難点があった。

米国の特許法は、

新規で有用なプロセス、機械、製品、組成物、それらの新規で有用な改良

を「特許性ある発明」として定義している。したがって、科学的真理とその数学的表現、アイデア自体、抽象的な表現、自然現象の発見は特許の対象にはならない。この理解を通すと、プログラムの核にはアルゴリズムがあり、そのアルゴリズムは科学的真理、その数学的表現、

……などとからみあっており、特許の対象にならない。

前節にも言ったように、プログラムには似たものが多い。だからここに権利をもったプログラムが出現すると、その影響の及ぶところはきわめて大きい。くわえて、特許権は著作権よりも強い権利である。

どこが強いかと言えば、まず、排他性が強い。一つのプログラムに強い権利を与えてしまうと、それに類するプログラムは、すでに存在し、使用されていたとしても、コントロールを受けてしまう。

つぎに、特許権は特許製品——ここではプログラム——の「使用」をコントロールするものである。プログラムの価値はそれを使用——演算など——する点にある。特許権はこれをコントロールできる。この点、著作物の「利用」——たとえば複製——のみをコントロールする著作権法よりもプログラムを実質的に支配できる。ここはプログラムの扱い方に合っている。

ただし、これは権利の強さとは関係ないことではあるが、特許権をとるためには、その概要を特許明細書に記載して出願しなければならない。この文書は公開されることになっている。これによって商売敵もその内容を知ることができる。市場に出荷したプログラムが人に読みにくいオブジェクトの形になっていたことを思い出してほしい。特許の出願はこの壁をみずから崩すことになる。

もう一つ。プログラム特許に制度上の実現可能性はあるのか、という論点がある。第一に、特許をとるためには、そのプログラムが一定の条件を充たさなければならない。その条件を有用性、新規性、進歩性と呼ぶ。だが、ほとんどのプログラムがいま言ったように大同小異である。とすれば、その審査基準をどうすべきか。これが難しい。

第二に、すでに全世界にはプログラムがゴマンとある。特許庁の審査官は、先行例を確認できるマン・マンス——作業時間——をもっているだろうか。

そもそも論②

じつは、プログラムを保護する必要があるのか、という原則的な議論がある。プログラムは私有すべきものではない、公有——パブリック・ドメイン——のものではないか、という論点である。著作権法は、表4・1に示したように、事実、客観的な法則、着想、さらには、手順、概念、操作法などを保護の外においている。こうしたものを誰かの私有にしてしまうと、社会が迷惑する、社会のさらなる発展が阻まれる、ということがある。一九世紀末、米国のインディアナ州では円周率の使用料を徴収するという法案が議会に提出され、あわや成立しかけたことがある。[5] こんなことになっては困る、ということである。

すでに米国では一九六〇年代より、少なくない事業者が、プログラムの保護を求めて、それを特許として出願し、米国特許商標庁（ＰＴＯ）から拒絶されていた。[6] 拒絶された理由は、た

	著作権	特許権
保護の対象	プログラム表現	アルゴリズム
権利の入手	自動的、全数に	手順あり
権利の品質条件	なし	厳しい
権利の排他性	弱い	強い
コントロールの対象	プログラムのコピー	演算の実行
権利者などの確認	きわめて困難	簡単
権利の保有コスト	なし	あり

表7・2　著作権 対 特許権

とえば、測量法は特許になるが、それを支えるピタゴラスの定理は特許にはならない、というものがあった。

このように、どの国の特許庁も当初プログラムの特許権を認知しなかった。特許権は事前の審査手順なしには与えられない。このバリアーを越えるために、特許を求める人は法廷で厄介な裁判を繰り返さなければならなかった。ただし、いったんプログラムへの特許権が認知されると、その認知される対象は限りなく拡大することとなった［コラム5参照］。

にもかかわらず

まずプログラムに関する著作権と特許権とを表7・2として比較しておこう。

一九八〇年代以降、著作権法と特許法とが、それぞれ手分けしてプログラムを保護するようになった。プログラムの著作権、ソフトウェア特許というように互いに補完しあいながら。

なぜ、こうなったのか。プログラムの保護が待ったなしの課題になったために、とにかく、ありあわせの制度で間に合わさざるをえなくなったからである。というのは、そのユーザーが社会の全分野――企業に、家庭に――に拡がったためであり、同時に、プログラムの生産を産業として確立しなければならなくなったためである。これに応えるためには、プログラムを産業財として扱う視点が不可欠となった。だが、著作権法の本来の目的は「文化の発展」にあり、そこには「産業の振興」という言葉はなかった［注1］。

一九八三年、日本の産業構造審議会は、プログラムを産業財として扱うべし、という報告を出した(7)。ここにはプログラム保護の視点として、第一に、投下資本の回収を確保すること、第二に、重複投資を回避すること、第三に、流通を促進すること、この三点が示されていた。投下資本についてはは権利を確実にしよう、重複投資についてはは権利を可視化しよう、流通についてはユーザーの立場も配慮しよう、ということであった。この視点で見ると、著作権法は流通の促進という点で難があり、特許法は重複投資の回避という点で弱みがあった。

こうしたことを配慮して、この報告はプログラム権という権利の新設を提案した［コラム6参照］。それは、第一に、「使用権」という権利を中心に置き、第二に、人格権という束縛を設けず、第三に、権利を求めるものはそのプログラムを登録せよ、という形になっていた。

しかし、この提案が受け入れられることはなかった。その理由は、すでに多くの国がプログラムに著作権を認めていたことにあった。くわえて、著作権法は内国民待遇（第4章）という仕掛けをもっていた。それは、各国は互いに相手国の著作物を自国の法律で保護せよ、という国際的ルールであった。プログラム権法には、このような配慮はなかった。一九八五年、日本の著作権法はプログラムを保護対象とした。

著作権法は、多様な著作物（表4・1）、多様な利用行為（表4・3）、多様な利害関係者（第6章）に関係する。したがって、その多様な著作物、多様な利用行為、多様な利害関係者に対して一貫したルール集にならなければならない。だが、プログラムの取り込みによって、著作権法がもっていた一貫性は大きく乱されてしまった。

ということで、プログラムの保護については、著作権にしても特許権にしても、一長一短がある。さらに、どちらの保護にしても、その根拠には脆弱《ぜいじゃく》な論理が隠されている。これを忘れてはならない。

［コラム5］　ソフトウェア特許

一九八〇年になると、米国の政策はプロパテントへと移る。この年、連邦最高裁は「太陽の下にあって人間の創造したもののすべては特許の対象になる」という判断を示した。これは微生物も特許になりうるという判断に対するものではあったが、こののち、コンピュータに内蔵されたプログラムにも特許が与えられるようになった。

最初の特許は、ハネウェル社の出願した発明に与えられた。それは、合成ゴムの成形プロセスの制御プログラムとしてアーレニウスの式——温度と反応速度との関係——を使ったものであった。米国特許商標庁が特許を認めた理由は、プログラムが単に計算をするだけではなく、成形プロセスに組み込まれている点にあった。この種のプログラムは部品倉庫（ハードウェア）を特定目的のために有機的に一体化する配線のようなものとみなせる。だから物理的な存在であり特許の対象たりうる。この解釈を倉庫説と言った。最高裁がこの特許に適格性を認めたのは一九八一年であった。

一九八〇年代を通じてプログラム特許がしだいに増える。そのなかにはメリル・リンチ社の「証券仲買資金管理システム」の特許（一九八〇年）やAT&T社の「効率的資金配分のための方法と装置」の特許（一九八八年）なども出現してきた。前の発明は支払い決裁つきの投資信託システムであり経済法則またはゲームの法則と言える。ビジネス・モデル特許の元祖でもあった。あとの発明は線形計画法の効率的な解き方であり数学的な理論とも言える。

一九九〇年代に入り、ソフトウェア特許の対象はさらに拡がる。法廷がいわゆるビジネス・モデルを特許に適格であると認めたのである。「有用、具体的、知覚可能」なアルゴリズムであればそれだけで特許の対象になる、ということになった。

〔コラム6〕　プログラム権論争

一九八三年、京都で「コンピュータ・ソフトウェアの法的保護」というシンポジウムが開かれた。法とコンピュータ学会が企画したものであり、参加者は七五人にすぎなかった。この種の討論会としては、たぶん、最初のものだっただろう。発言者は、所管官庁の役人、法学者、ソフトウェア事業者、コンピュータ・ユーザーにわたった。私も討論者の一人であった。

なぜ、この討論会が計画されたのか。当時、西ドイツや米国においてプログラムを著作権によって保護する法律が制定され、日本でも法廷が著作権法による保護を認めるようになったからであった。だが、日本においては、著作権法を素直に受け入れることについて、産業政策上のためらいがあった。だからか、ここに著作権法を所管する文化庁の担当者――のちにJASRAC役員――とともに、ソフトウェア産業の振興を管轄する通商産業省（現・経済産業省）の担当者――のちに外務大臣――が招かれた。

論点はプログラムの保護は新規立法によるべきなのか、既存の著作権法でなすべきなのか、にしぼられた。つまり、ここでは著作権法の限界が討議されることになった。

まず、新規立法派は主張した。[8]第一、プログラムは著作物ではなく、技術的創作物である。それは工業所有権的な制度で保護されるべきものであり、このために「プログラム権」を設けるべきである。

第二、著作物ではないプログラムを著作権法で保護すると、著作権法の本来の機能を歪めてしまうだろう。著作権法は表現を保護する。しかし、プログラムの価値は表現ではなく、その内容——アルゴリズム——にある。

第三、プログラムの保護は産業の発展を目的とすべきである。著作権法にはこのような目的は含まれていない。著作権法の目的は「文化の発展」である。

第四、著作権には人格権が貼りついている。その人格権は技術的創作物であるプログラムにはなじまない。プログラムには、作成者が署名をするという慣行はない。多くの場合、集団による制作である。

第五、プログラムにおいては、その「使用」がライセンスの対象になる。著作権法は「複製」をコントロールできるが、「使用」をコントロールできない。

第六、プログラムには、既存プログラムの改変が欠かせない。このプロセスにおいて、先行プログラムと後続プログラムに対する権利の分配は、著作権法では「翻案」の概念によって定義される。だが、この概念は先行の著作権者の立場を圧倒的に強く定義し、現実には不都合を生じる。

著作権派は反論した(9)。第一、プログラムは思想の「表現」でもある。したがって著作物として扱える。

第二、多くの国はプログラムを著作権で保護している。制度は国際的な調和をもたなければならない。著作権法には内国民待遇という仕掛けがあり、国境を越えて著作権を保護できる。第三、工業所有権的な保護は、プログラムには強すぎる排他性をもっている。類似のプログラムがたくさんある。誰がそのプログラムのコードを出願させ、その新規性などをいちいち審査するのか。

第四、プログラムの人格権については、それを法人がもつと理解すればよい。

第五、プログラムの使用については、契約で実質的に管理できる。

第六、既存のプログラムとその改変プログラムとの関係については、それが表現にかかわる限り、著作権の対象になる。

この論争は、日本では著作権による保護という形で決着がついた。文化庁はその後、プログラムという鬼っ子を抱え込むこととなった。

注

［1］雑談を一つ。私は、一九八〇年代半ばから二〇年間にわたり著作権審議会の末席にいた。いつだったか、つねには居眠りをしていた無言の主査が、かっと眼をあけて、いま、ビジネスの議論をした委員がいたが、著作権法にはビジネスという用語はひとかけらもない、とたしなめたことがあった。オンリー・イェスタディの話である。

第8章

データベース

インセンティブの産業化

著作権の狙いは著作者にインセンティブを与えることにある。そのインセンティブは、本来、著作者の知的な成果に報いるものとされてきた。ところが、そこに投資があればインセンティブを与えるべし、という理論が出現した。これを「額に汗の理論」と言う。この理論は、産業界のみならず、学界にも浸透してきた。結果として、学界の伝統であった情報の自由な交換が損なわれるようになった。

1　ビジネス界の論理

「額に汗の理論」の出現

データベースはデータの編集物である。編集物は、著作権をもつ場合もあり、そうでない場合もある。米国では長らくこう理解されてきた。このあいまいな点につけこむ事業者が出現し、一九八〇年代になると、データベースの著作権をめぐる訴訟がしばしば起った。

このあいまいさはどこから生じたのか。一九〇九年改正の旧著作権法に原因があった。そこには創作性の定義もなければ、保護要件の規定もなかった。しかも著作物の例示として「書物、合本、百科事典、ディレクトリ、定期刊行物、その他の編集物を含む」とあった。これによって、ディレクトリ類は創作性をもたなくとも、それ自体で著作権をもつという理解が生じた。この理解による判例も、下級の裁判所ではいくつか存在していた。一九七六年の法改正によって編集著作物に新しい定義が設けられてはいたが（後述）。

こうした環境のなかで「額に汗の理論」と呼ばれる学説が受け入れられるようになった。この理論によれば、ある男が街路を歩き、その街区の住民について名前を職業・住所とともに確認し記載すれば、かれはそのリストの著作者になれる。つまり、著作権はデータ編集の労働に対する報酬とも理解されていた。

「額に汗の理論」は編集物に対する著作権を、その編集物を構成するデータにまで拡張してしまった。それはデータがパブリック・ドメインに属するか否か、その選択と配列とに創作性をもつか否かを問わない、とされた。「額に汗の理論」は後続者が先行者の編集物に含まれるデータを利用することまで禁止するようになった。

一九八七年、カンサス地区連邦地方裁判所はルーラル・テレホン・サービス社とファイスト・パブリケーション社のあいだで争われた訴訟に判決を下した。この訴訟では、ルーラルがファイストによって自社のホワイト・ページ（人名別電話帳）の著作権を侵害されたと申し立てていた。

ルーラルはカンサス州の電話会社であり、付帯業務として電話帳を編集、出版、配付していた。その電話帳はホワイト・ページとイエロー・ページ（職業別電話帳）を合本にしていた。ファイストもカンサスの会社であり、一九七九年より電話帳を出版していた。ただしその収録範囲はルーラルを含む一一社の顧客にわたっていた。その電話帳はホワイト・ページとイエロー・ページに加えて、レッド・ページ（コミュニティ案内）とブルー・ページ（官庁・学校案内）とを含んでいた。ファイストは電話帳を作成するにあたり、電話会社からホワイト・ページを購入していた。

ファイストは全地域のホワイト・ページを購入できなかった。ルーラルが拒否したからである。ファイストの電話帳は四万六八七八件のデータを掲載していたが、そのうち一三〇九件はルーラル電話帳と同じであった。ファイストはルーラルの電話帳を入手し、それを参照しながら電話帳に記載されたデータを直接確認した、と釈明した。ルーラルはファイストの行為に疑問をもち、一九八二年版の電話帳に架空のデータをオトリとして挿入した。案の定、ファイストの一九八三年版の電話帳にはこの架空データが四件、そのままに掲載されていた。これを証拠として、ルーラルはファイストを著作権侵害のかどで訴えた。

著作権侵害を法廷で申し立てるには、原告は、第一に、原告の著作物が著作権をもつことを、第二に、被告がその著作物をコピーしたことを、立証しなければならない。

第一点については、ルーラルの電話帳はすでに著作権登録がなされていた。当時、米国には著作権登録の制度があった。ファイストは「電話帳はデータの集合体にすぎず著作権をもつことができない」と主張したが、電話帳が著作権をもつという判例は二〇世紀のはじめから多数存在していた。

第二点については、すでにファイストはルーラルの電話帳を使用したことを認めていた。

またファイストの電話帳がオトリのデータまでコピーしていることも確認されていた。わずか四件のデータのみのコピーであっても、それは「些事」ではない。

一審も控訴審もファイストの行為を著作権侵害とみなした。どちらも「額に汗の理論」を踏まえたものであった。ファイストは最高裁へと上告した。

「額に汗の理論」の否定

一九九一年、最高裁は控訴審の判断を差し戻した。(1) その根拠は一九七六年改正法のつぎの三点にあった。

第一に、改正法は著作権の保護から外れる対象を定義していた。それは「アイデア、手順、プロセス、システム、操作方法、概念、原理、発見」であり、このなかの「発見」はデータを意味していた。

第二に、改正法は編集著作物であるための条件を規定していた。それは「まず、既存の素材またはデータを収集して作りあげた作品であること、つぎに、それらの素材またはデータの選択、調整、配列によってできあがった作品であること、さらに、全体として著作物性をもつように構成された作品であること」、この三つであった。

第三に、改正法は編集著作物に対する著作権の保護を限定していた。それは「既存の資料のもつ排他的権利を含まない」というものであった。

最高裁はその判決をつぎのように結んだ。

電話帳はデータを編集したものである。データは事実の表現であり著作権はないが、編集物には著作権がある。問題はこの二つの命題の綱引きにある。常識から言えば一〇〇の非著作物を一つにまとめたからといって、魔術的な変化が生じるわけではない。

ファイストはルーラルのホワイト・ページから一三〇九件のデータをとったが、それはルーラルのもつ創作性をコピーしたことにはならない。このデータはルーラルがホワイト・ページを作成する前から存在し、ルーラルがそれを作成しなかったとしても存在し続けただろう。

問題はルーラルがこれらデータを選択し、調整し、配列した方法に創作性があったかどうかである。創作性はわずかでもあればよい。だが、それは存在しなければならない。ルーラルのホワイト・ページについてはどうか。選択についてはは創作性の欠如は明白である。氏名、住所、電話番号、これだけである。配列については、単に加入者のデータを集め、姓を見出し語としてアルファベット順に並べたにすぎない。これは古くからの慣行であり、これ以外の並べ方は考えられない。ここには創作性は最低限の痕跡すらない。ルーラルがホワイト・ページの作成に十分な努力をしたことは認める。だが創作性については不十分であった。

以上の理由で、ルーラルのホワイト・ページには著作権はない。したがってファイストの行為は侵害ではない。この判決はルーラルのなした努力を無視するものではない。著作権の与えられるのは創作性に対してであり、努力に対してではない、ということを明らかにするものである。

米国の最高裁は、額に汗の理論をきっぱりと否定したのであった。

データベース権――「額に汗の理論」の復活

米国の動向に敏感に反応したのはEUであった。一九九二年、「データベースの法的保護に関する指令」を提案し、一九九六年、これを採択した。[2] 指令とはEU委員会が域内市場の統合のために各国政府に示す達成目標であり、各国政府はこれにしたがって国内法を整備することになっている[注1]。

データベース指令は、データベースの製作者に対する「独自の権利」として「データベース権」を設けた。独自の権利とは、著作権のありなしとは無関係な新しい権利、ということを指した。その保護期間は一五年とされた。

独自の権利はつぎのように定義されている。

コンテンツを収集するために、確認するために、提示するために、投資のなされているデータベースがあれば、そのデータベースの製作者には、そのコンテンツの全体または部分の抽出および／または再利用を阻止するための権利が与えられる（要旨）［注2］。

ということで、ＥＵの定義は「額に汗の理論」を認知するものであった。ここに著作権のキー・コンセプトである「創作性」の条件は消えている。あるものは「投資」のみ。著作権は失効を宣告されたのである。

つけくわえれば、独自の権利は「あらゆる形式のデータベース」を対象としていた。その「あらゆる形式」には、非電子的な収集物、つまり紙の編集物も含むと理解されていた。ただし、その後の推移を見ると、ＥＵ司法裁判所は「投資」の範囲について、抑えた判断を示している。二〇〇五年にＥＵ委員会は『データベース指令評価報告』を出しているが、まあ、よいか、と言った内容になっている。

一九九〇年代、データベース事業はすでにビジネスとして成立していた。たとえば法律のデータベースである『レクシス』が成功事例としてあった。これはもとはと言えば一九六〇年代に、製紙企業のミード社が、紙の使用がコンピュータへと移ることをヘッジするために始めた事業であった。当時は、コンピュータにはプリンタがついており、そのプリンタは紙を消費する、という理解があった。

そのデータベース事業の分野においては、米国の事業者の製品がM&Aによってしだいに EUの事業者の手に移るようになっていた。たとえばエルゼビア社へ。また、学術雑誌の電子ジャーナル化が試験的な段階を脱し、試行錯誤的にビジネス・モデルを探索するようになっていた。ここでもエルゼビアが活発に動いている。そのエルゼビアはオランダに本拠を置き、一九九三年にリード社と合併し、こののち、『レクシス』も傘下に収めた。なお、現エルゼビアはルネサンス期の由緒ある同名の出版社とは関係ない。

さらに、商用化を実現したインターネット上に、WWW（World-Wide Web）が地球規模的な分散型データベースとして出現しつつあった。くわえて、データ・マイニングによるコーパスの新しい利用法、さまざまなデジタル・アーカイブスの利用可能性も視野に入っていた。データベース指令には相互主義の条項が入っていた。同等の保護ルールをもたないEU域外の国があれば、その国のデータベースはEUのなかでは保護されない、ということになった。

反・データベース権

データベース指令に敏感に反応したのは米国であった。米国では、一九九六年以降、データベース保護の法案が議会で繰り返し議論されるようになった。著作権局と一部のデータベース企業がその推進者であった。かれらは主張した。(3)(4)

第一に、データベースは米国の産業、科学の優位を維持するために重要な価値をもっている。このためには、データベース指令の相互主義に対応しなければならない。第二に、データベースの作成と保守には大きいコストがかかる。適切な保護がないと、データベースへの投資意欲が消えてしまう。第三に、データベースの複製と配付が低コストで可能となった。したがって、他者によって侵害されやすくなった。

この環境のなかで、世界知的所有権機関（WIPO）が、データベース条約の制定に向けて討論を始めた。EUと米国からの働きかけがあったためである。データベース条約案の内容はデータベース指令とほとんど同じであった。この案は二一世紀になるとうやむやのうちに審議未了になった。だが、議論は残った。

米国議会における議論はすんなりとは進まなかった。反対論があり、それを無視できなかったからである。皮肉なことに、データベース企業から時期尚早論が出た。それはダン＆ブラッドストリート社、ブルームバーグ社など数値データを扱う会社からであった。かれらはデータベース権が諸刃の剣となり、自社の業務を損なうことを恐れたのだろう。なお、公聴会で賛成論をぶった企業は文献データベースの大手エルゼビアであった。

反論はどれも変化を嫌うものであった。第一に、規制の必要性を示す証拠がない。第二に、現行の法律、契約、技術の組み合わせで保護できる。第三に、データベース事業者は既存制度のなかで成功している。第四に、新しい権利は予測できないリスクを含む。第五に、既存の著作権法が権利制限の規定によってすでに情報流通に適切な均衡をもたらしている。第六に、米国の自由なデータ流通政策を阻む。

2　学界の論理

唯一のデータベース

米国議会における反対論には、時期尚早論だけではなく、真っ向からの反対もあった。それは学界からのものであり、データベース権は公共領域にある「唯一のデータベース」までも私有化してしまうリスクをもっている、という指摘であった。その「唯一のデータベース」とは進行中のヒト・ゲノム計画（HGP）が作りつつあるデータベースを指していた。HGPはヒトのDNAを解読するために組織された国際的な共同研究グループである。

注目すべきは、米国の学界によるものであり、[5] 全米科学アカデミー（NAS）、全米工学アカデミー（NAE）および全米医学協会（NMA）の三者は議会に反対の意見を送った。

われわれは、知的所有権制度に関するこれらの急激な変化は、研究者と教師との科学データへのアクセスと利用とを極端に害することになり、くわえて国の研究能力に対して有害で長期的な衝撃を及ぼすことになる、と信じる。さらに、提案されている〈制度の）変化は、米国政府および学術的な科学共同体によって信奉され、そして国際的にも促進されてきた科学的データに関する完全かつ公開の交換の原則と全面的に対立するものである。

米国科学振興協会（AAAS）も反対の手紙を副大統領のアル・ゴアに送った。その手紙は、HGPを引き合いに出して、パブリック・ドメインに置かれたHGPデータベースをダウンロードし、その出力にページを振ったら、実質的な投資をしたことになり、その部分を私有化できるのではないか、と指摘していた[6]。情報管理協会（Aslib）は、ユーザーがデータベースをブラウジングすることはもちろん、場合によってはデータにアクセスすることもできなくなるのでは、という懸念を示した[7]。

学界の反対論は国際化した。一九九七年、国際科学会議（ICSU）も反対意見を表明した[8]。第一に、科学は公益のための投資である。第二に、科学の進歩は、データに対する完全かつ公開のアクセスにかかっている。自然現象の事実に対して、個人や組織が、アクセスを管理し所有権を主張できるという考え方は、科学に対する呪いとなる。第三に、データと技術的情報へのアクセスに関する市場モデルは、科学的研究と教育にとっては不適切である。第四に、データの出版は科学的研究と知識の普及にとって本質的なものである。研究の信頼性はデータの出版に依存している。第五に、データベース所有者の利益は完全かつ公開のアイデアの交換に関する社会の要求と均衡しなければならない。

日本学術会議も、二〇〇一年、「データベースに関して提案されている独自の権利についての見解」という反対声明を表明した。(9) 蛇足になるが、この「見解」はわずか八ページのパンフレット、これに対して同じ主旨で刊行された全米研究審議会（NRC）の『ビッツ・オブ・パワー』はISBNつきで二三五ページのハードカバーである。この落差、日本では誰も問題にしなかった。

じつは、EUのデータベース指令も学術利用に対する抽出と再利用とに対して権利制限を認めてはいた。だが、学術研究者は、それを信用していなかった。だから上記のような声明を続けて出したことになる。にもかかわらず、この懸念は懸念にとどまらなかった。

データの特許へ──「額に汗の理論」の再復活

データベース権はうやむやになったが、「額に汗の理論」はべつの意匠をまとって、また登場してきた。特許権という意匠によってである。

一九九八年、米国の特許商標庁（PTO）はヒトの遺伝子断片のDNA配列に対して特許を付与した。同時にPTOの審査長は理系ジャーナルの『サイエンス』に投稿し、「染色体の地図作りあるいは同定、遺伝子のタグづけに有用なDNA配列に対する特許請求は有効である」という見解を示した。この見解を日本とEUの特許庁は追認した。ついに、データの使用に保護が与えられることになった。[10]

これも理系ジャーナルの『ネイチャー』は、二〇〇〇年三月二三日号にセレラ・ジェノミクス社の株価チャートを載せた。その株価は一九九九年一二月から上向きに転じ、二〇〇〇年二月に頂点に達し、三月一四日に暴落していた。[11] 一二月からの急伸はHGPの中核チームがその研究成果の一部を『ネイチャー』に投稿したために生じた。投資家はHGPを有望な事業と認識したのであった。三月の急落はビル・クリントン大統領とトニー・ブレア首相とが「DNA配列はすべての研究者が自由に使えるように公開すべきである」という共同声明を出したために起きた。

セレラはクレイグ・ベンターという型破りの研究者が作ったベンチャー企業であった。ベンターは一九九〇年代初頭、国立衛生研究所（NIH）の研究者であり、そこでヒトのDNA配列を解読し、その結果を特許に出願したという経歴の持ち主であった。そのベンターがNIHから跳び出し、二番目に設立した企業がセレラであった。そのセレラがヒトDNA配列の解読に割り込み、短い期間にHGPを追い越す実績をあげてしまった。これに危機感をもった二人の政府首脳が共同声明を発表したのであった。『ネイチャー』がビジネス誌もどきの株価記事を載せたのは、セレラが学術情報の自由な流れを妨げるのではないか、という疑義をもったからである。

じつは、HGPはゲノム情報へのアクセスについて合意をまとめていた。[12] それは、第一に、解読の結果はできるだけ速やかに共有し公開する、第二に、解読データは二四時間以内に公的なデータベースに寄託する、と示していた。

セレラはデータを公表することに同意はしたが、実質的な点においてはこの合意にしたがわなかった。まず、データを一定の期間――たとえば五ヵ年間――独占しておきたいと主張した。つぎに、データを販売した。ハワードヒューズ研究所に年間一万五〇〇〇ドルでサービスした。さらに、一部のデータを特許出願した。出願数は六五〇件であった。

最後に、セレラはその保有データへのアクセスについて、ユーザーに条件を課した。[13]第一に、大学の研究者に対しては、無償で、データへのアクセスとその利用とを認める。ただし、その商業的な利用と他人への再配付とは禁止する。第二に、企業の研究者に対してはアクセスを有償とする。

ここにある「商業的な利用と他人への再配付」という文言には、データベース指令が透けて見える。学術分野にも「額に汗の理論」が浸透してきたことになる。

振り返れば、データベース、さらにはデータに対する権利は、

著作権（額に汗の理論）→データベース権→特許権

と動いてきたことになる。この経緯は、著作権という概念について、その領域画定のための

試行錯誤の流れとも見える。

流れは異なるが、ここで注意しておきたい。「唯一のデータベース」はいったんは死語になったかと見えたが、グーグルは、そのブック・サーチのプロジェクト（第1章）において、この言葉の復活を公然と図っていることになる。

注

［1］データベースの著作権を最初に国内法に定義したのは日本の著作権法であり、それは一九八六年であった。日本法には「額に汗の理論」はなかった。データベースの著作権を最初に認知した国際条約は世界貿易機関（WTO）による「知的所有権の貿易関連の側面に関する協定」（TRIPS）であり、それは一九九四年であった。

［2］じつは、定義中の「投資」と「部分」という言葉には、「量的および／または質的に見て実質的な」という修飾がついている。この言葉は法律家の手にかかるとオールマイティになる。

まず、「〝量的および／または質的に見て実質的な〟投資のなされたデータベース」とは「あらゆるデータベース」と解釈できる。「あらゆるデータベース」には創作性のない、つまり著作権をもたないデータベースも含む。

また「コンテンツの全体または〝量的および／または質的に見て実質的な〟部分の抽出および／または再利用」とは「あらゆるコンテンツ」に対する「あらゆる行為」と理解できる。そのあらゆるコンテンツには「データ」も、またあらゆる行為には「使用」も入る。

第9章

電子ジャーナル

商用化、あるいはオープン化

著作者に対する報酬には、経済的な利益と社会的な評判とがある。学術分野においては主として後者が求められる。その学術系ジャーナルは、近年、急速に電子化とオープン・アクセス化へと移りつつある。これにともない、冊子体のジャーナルに即して作られていた法制度とビジネス・モデルは急激に組み換えられつつある。この傾向は、インターネット上のあれこれのアプリケーションにも及ぶだろう。

1　共有を私有へ

著作権法との相性

著作物の著作者に対しては二つの報奨がある。一つは金銭的な利益、もう一つは社会的に高い評判である。研究者にとっては後者が大切である。高い評判を得るためには、第一に、自分の名前のついた論文を数多く発表し、第二に、その発表が競争者よりも先行してなされ、第三に、その発表が多くの同僚によって引用されなければならない。これらの条件は著作権の理念と微妙に重なる。あるいは微妙にすれ違う(1)。

第一の条件については、著作権は著者を保護するという点で重なる。

第二の条件については、著作権の保護は学術ジャーナルの自由流通を阻むという点において、学術論文の求める先取性——サムシング・ニューの提示——とは真っ向からぶつかる。

そのサムシング・ニューは、多くの場合、着想や事実に関係し、著作権の保護対象から外れているにもかかわらず、である。

第三の条件については、同僚に引用されるためには、まずその同僚に読んでもらわなければならない。とすれば、研究者としての著者は、その論文の自由な流通をその著作権の保護よりも上位に置くだろう。

ということで、研究者は、ある場合には著者として、ある場合には読者として、互いに引用の連鎖を作る。[2] これによって論文を共有し、その集積を重ねてきた。引用とは、先行者の業績とこれに上乗せした自分の業績とを、ここまでは先行者の手柄、このあとは自分の寄与、と切り分ける手順である。これらの手順は、先行者にも後続者にも、それぞれの著作物について、その私有化を認めるためのものではない。むしろ、財産的には、それぞれ著作物を共有するための前提条件になる。

この引用については、著作権法は、若干の束縛を設けてはいるが、よしとして認めている。ただし、著作権法では、引用されるものが引用するものよりも上位の価値をもっている。学術論文においてはそうではない。どちらも対等である。

ということで、学術論文における引用の連鎖は総体として研究基盤の役割を果たすことになる。このためには、いかなる論文であっても、その公開性が保証されなければならない。著作権法は、どちらかと言えば、この公開性を妨げるものである。

商用化による歪み

学術論文は学術ジャーナルに掲載されるが、それは研究者が研究領域ごとに組織した自主的な集団によって発行されてきた。この研究者集団が学会と呼ばれるものである。

二〇世紀の後半、研究者の数は急速に増大した。当然、研究者間の競争は、「発表せよ、しからずんば破滅せよ」という形で激化し、結果として、論文の生産量も増大した。[3] すでに一九七〇年代末に「医学論文の重さ」という論文が発表され、この分野の代表的な抄録誌の重さが過去三〇年間に一五倍になったと報告していた。二一世紀初頭の統計を見ると、年間の論文発行数は二五〇万件、ジャーナル数は二・四万タイトルという数字もある。

この論文数の増大に学会という自主的な組織は能力的に対応できなくなった。ここに事業機会を見つけたのが、商業的な出版社であった。商業出版社の学術ジャーナル分野への参入は、伝統的な出版ビジネスに奇妙な歪みを持ち込んだ。

奇妙な歪みとは何か。第一に、書き手は過剰であり読み手は過少であるという特性、つまり供給が需要を上回るという特性である。にもかかわらず、第二に、その供給を抑制できない、という特性がある。第三に、論文は汎用品（第3章）の性格をもたない。どんな論文も独自の先取性をもち、これを他の論文によって代替することはできないから。

いずれの特性も、研究者が「発表せよ、しからずんば破滅せよ」、つまり出版が第一、採算は二の次、という掛け声によって駆り立てられているために生じる。ここでは価格による供給と需要との調整ができない、という非市場的な事業がまかり通っていることになる。ここに営利を目的とする商業出版社が参入したことになる。

たまたまこの時期、どの国においても科学技術分野に国家が政策的に潤沢な予算を投入するようになっていた。この動向のもとで、学術ジャーナルの出版市場は膨張し、同時に、個々のジャーナルの価格も上昇し、それは需要側の支払い能力を超えるようになった。これを図書館の関係者は「シリアル・クライシス」として認識した。「シリアル」とは逐次刊行物を指す。一九九〇年代に限っても、代表的な出版社であるエルゼビア・サイエンス社（現エルゼビア社）はそのジャーナルの平均価格を二・九七倍に値上げしている。

商業出版社はこの流れを巧みに利用し、一九九〇年代にはM&Aを繰り返して市場の寡占を目指した[4]。事情通の推測によれば、二一世紀初頭における学術出版の総売上高は全世界で八億ドルに達し、その三分の二は出版社によるという。その結果、ジャーナル価格の高騰は一段と深刻になった。これは、論文の流通を阻むものとなり、研究者の望むものではなかった。

商業出版社が頼りにした道具が著作権であった。この環境のもとで、論文の著作権は、著作者本人から、学会へ、さらには商業出版社へと委託された。この点では学会――とくに巨大学会――と商業出版社とは同じ立場で行動するようになった。いずれも、ジャーナル発行による経済的な利益の確保を主な狙いとしていた。

電子化——ユーザー主導

論文あるいはジャーナルの電子化については、学界では一九七〇年代より試行され、出版界では一九八〇年代より検討されてきた。だが、学術コミュニティにおける業績評価の方法が伝統的な冊子体を前提にしていたために、これが普及することはなかった。

冊子体のモデルは一九九〇年代初頭に崩れた。米国ロスアラモス国立研究所の物理学研究者ポール・ギンスパーグが、ユニックス・サーバを用いたシステムによって電子的なプリプリント・サービスを開始し、これが研究コミュニティによって受け入れられたためである。[5]このシステムは現在ではコーネル大学に移され、「アーカイブ（arXiv）」という呼び名で隣接分野も含んで稼働している。ギンスパーグは研究者であり、つまり出版についてはユーザーであった。

ジャーナルの電子化を実現するためには、第一に、研究者が論文を電子的に作成し、第二に、その著作権を学会あるいは出版社に何らかの形で渡していることが前提となる。この二つはその後、研究コミュニティの慣行となった。

ジャーナルの電子化は出版社のビジネス・モデルに大きな断絶をもたらした。[6][7]その第一は、紙メディアに記録された論文の売買を、論文へのネットワーク経由のアクセス・サービスへと移したことである。このために不都合も生じた。たとえば契約を解消した場合、冊子体であれば購読者の手元に購読分のジャーナルは残るが、電子ジャーナルの場合には購読期間中に発行されたジャーナルへのアクセスも止められてしまう。これについて購読者は不満を申し立て、その後、購読済みの電子ジャーナルの扱いについては、多様なモデルが実験的に試行されている。

その第二は、購読者を個人から組織へと移したことである。電子化によって購読者は大学、研究機関などの組織単位となった。このような契約を「サイト・ライセンス」と呼ぶ。ここでは、組織に属する研究者数、パソコン数などによって利用料が決められる。

その第三は、ジャーナルを個別の購入から、長期かつ一括の購入へと移したことである。つまり取引の単位は、数年間にわたり、当の出版社のもつジャーナル群——たとえば一〇〇〇タイトル——になる。これを「ビッグ・ディール」と称する。これにより、購入側におけるシリアル・クライシスは見かけ上、解消されることとなる。

図書館はジャーナル価格の高騰に対して、みずからがジャーナルの刊行を支援する活動を始めた。その代表例は北米研究図書館協会（ARL）が一九九八年に組織化した学術出版・研究資源連合（SPARC）であり、新ジャーナルの出版を支援した。

受け身の形ではあるが、図書館群はコンソーシアムを結成して交渉力をあげ、窓口をしぼって出版社と購入ジャーナルの価格交渉をするようになった。この活動は海外でも日本でも一応の成果はあげている。

2　私有を共有へ

オープン化――ユーザー主導、再び

世紀の変わり目の頃から、学術コミュニティのなかに、ジャーナルのオープン化を求める声が拡がった[8]。二〇〇〇年、科学公共図書館（PLoS）という研究者集団が、公開状を出版社に対して示した。その主張は、掲載論文を出版後六カ月以内に公共的なアーカイブスに無償提供すべし、これに協力しない出版社のジャーナルには投稿も購読もしない、というものであった。これに同調した研究者は三万四〇〇〇人に達したと言われる。研究者集団、つまりユーザー集団がここでもオープン化の口火を切ったことになる。ついでながら、PLoSには実業家ジョージ・ソロス――哲学者カール・ポパーの弟子でもある――も資金援助をしている。

二〇〇一年、ブダペスト・オープン・アクセス・イニシアティブ（BOAI）が開催された。その主張は、論文の全テキストに対するインターネット経由での自由なアクセスを求めるものであり、そのアクセスには、読む、ダウンロード、複写、頒布、印刷、検索、リンク、ロボットで読む、ソフトウェアで使う、などの操作を含む、というものであった。この会議はSPARC（前節）やPLoSの関係者が推進したものであった。BOAIの理念は、その後、

多様な形で受け継がれる。

オープン化の実現については、その議論のなかで二つの方策が見えてきた。その第一は、オープン・アクセス・ジャーナルの発行であり、その前提となる著者支払い方式の採用である。ジャーナルの発行については、その費用が電子化によって小さくなったとしても、それを誰かが負担しなければならない。これを著者に回す方式である。もし、投稿時点で出版費用を回収できれば、その出版後のオープン化は可能になる。

もともと理工・医系のジャーナルにおいては投稿料という形で著者が出版コストの一部を負担する慣行があった。ここで提案された方式はこれを拡張した形になる。このコストを研究者自身ではなく、研究者の所属する機関に負担させる方式もありうる。これをスポンサーシップ費と呼ぶ。著者支払い方式はPLoSが始めた。その価格は一論文あたり二〇〇〇～二五〇〇ドルである。この方式はしだいに出版社も巻き込むようになった。たとえばエルゼビアはここに三〇〇〇ドルという価格を設定している。

第二の方策は「自己アーカイビング」である。これは自分の論文を自分のサーバ、自分の属する専門集団のサーバ、あるいは自分の属する機関のサーバに搭載し、それへの自由なアクセスを認めることである。とくに最後のものを機関リポジトリと呼び、現在オープン・アクセスへの有力な道具として注目されている。これにともない『ネイチャー』は論文の著作権を研究者にもどした。

オープン化の正当化

学術論文のオープン化は先進国政府の注目するところとなった。二〇〇四年、経済協力開発機構（OECD）は「公的資金による研究データへのアクセスに関する宣言」を採択し、公的資金を活用した研究成果についてその利用体制を整備すべし、と主張した。

ただちに応えたのは米国であった。二〇〇六年、国立衛生研究所（NIH）は、NIHの助成を受けた研究成果についてはその公開を勧告する、という方針を示した。[9] 具体的には、その成果をNIHの運用する「パブメド・セントラル」に一年以内に公表せよというものであった。つけくわえれば、NIHは二〇〇七年度に一四九億ドルを研究助成に回している。また「パブメド・セントラル」はNIHが二〇〇〇年に創刊したオープン・アクセスのデータベースであり、二〇〇七年には一八〇誌を超える生命科学系ジャーナルの論文が収録されていた。

NIHの成果は国民の健康にかかわる生命科学を扱っており、その研究資金の多くの部分が税金によってまかなわれている。したがってこれへのアクセスを有料化すると納税者に二重支払いを強制することになる。ここにNIH政策が強く求められる理由があった。

その後、NIH政策をさらに進める試みが議会で繰り返されている。それは米国著作権法にある「政府著作物」のなかに「政府から助成を受けた著作物」も含めよ、という形で提案されている。現行の米国法は政府著作物を著作権保護の対象とはしていない。

学術論文はベルヌ条約によって著作物として扱われている。つまり、著作権をもっている。オープン・アクセスはこの著作権を制限するものとなるが、その法的な正当化は学術分野における利用を公正使用（第10章）とみなすことによってなされる。

ただしすべての国に公正使用の規定があるわけではない。公正使用の規定のない国における利用の場合、あるいは公正使用の規定を超える利用の場合には、読者は個々に学会や出版社に交渉しなければならない。「パブメド・セントラル」もそのように規定している。

デジタル著作物の公正使用について、国際図書館連盟（IFLA）と国際出版社著作権協議会（IPCC）とは意見を異にしている。前者は伝統的な規定を存続せよと主張し、後者はそれを改変せよと訴えている。

オープン・アクセスの運動は、じつはコンピュータ・プログラムの分野でフリー・ソフトウェア運動として、さらにはオープンソース・ソフトウェアとして洗練されてきた［コラム7参照］。いずれも現行の著作権制度を下敷きにしたものである。

これを下敷きにして出現した運動がクリエイティブ・コモンズ（CC）――設立二〇〇一年――である[10]。これは憲法学者レッシグ（第1章）がリーダシップをとった運動である。その一分派にサイエンス・コモンズ（SC）――設立二〇〇五年――の実験がある。たとえば英国の「バイオメド・セントラル」は二〇〇〇年に創刊されたオープン・アクセス誌であるが、これは現在ＳＣによってサービスされている。

付言すれば、ＣＣの特徴は、その許諾表示が‘Some Rights Reserved’となっていることにある。一般の著作物ではこれが‘All Rights Reserved’となっていることに注意してほしい。‘Some Rights’とは何か。第一に、著作権表示を残すこと、第二に、ＣＣのライセンスにリンクを張ること、第三に、ライセンスの内容を変更しないこと、第四に、営利的な利用と改変については原著作者の許可を得ること、以上に限ることである。いっぽう‘All Rights’とは、著作権法が認めているすべての権利（第4章）を指している。

電子ジャーナルの予言性

現在、インターネット上には、利益を求めるのではなく自己発現をよしとする、つまり他者からの評判を求める記事——たとえばブログ——が数多く投稿されるようになった。しかも、これらの記事は、学術論文と同様に、過剰生産、過少消費の傾向にある。

とすれば、学術系の電子ジャーナルの現在は、そうではない電子的な記事の近未来のあり方に対して予言的な意味をもつだろう。

この視点で、学術系の電子ジャーナルの特性のなかから注目すべき論点を引き出してみよう。第一に、ユーザーは少数のポータルを介して、ほとんどの学術情報にアクセスすることができる。その少数のポータルも互いに接続されている。そうしたポータル——例、クロスレフ――の先にあるものは、学会――例、米国化学会――のサーバであり、出版社――例、エルゼビア――のサーバであり、あるいは大学――例、ハーバード大学出版会――のサーバである。つまり公私のデータベースが相互参照できるような仕掛けがすでにできている。上記のクロスレフは学会や出版社が共同で運用している組織である。

同時に、全論文には事前に一意的な管理番号――DOI（Digital Object Identifier）――が振られている。それは発行組織とは関係がなく、したがって、たとえば出版社のM&Aによる影響を受けない。なお、URLは組織につけられるので、このような柔軟性をもたない。

クロスレフの例は、電子ジャーナルの利用にあたっては、一元的な管理が欠かせないことを示唆している。その一元的な管理には、ポータル、登録、管理番号などに関するものを含んでいる。このような管理は現行の著作権法の原則――無方式主義（第4章）――から外れるものである。

第二に、出版コストの著者支払い方式は伝統的な出版モデルを逆転するものである。これは過剰出版、過少消費を受けて現れたモデルである。ここから見ると、現在のデジタル補償金制度、あるいはグーグルの実現している広告主負担のモデルは、著者支払いモデルの近似解であるとも見える。この著者支払い方式も現行の著作権制度の理念――著作者優先――と真っ向から衝突するものである。

第三に、ここではオープン化という反著作権法的なルールが、税金二重払いの抑制、医療情報の普及、といった公共政策から導かれている。著作権法のなかで論議していたのであれば、このような結論は得られなかったことだろう。

学術論文の現在の市場は小さい。だが、それにもかかわらず、ここではその電子化をめぐって多様な試みがなされている。そのなかには、やがて市場に進出し、大きい影響力をもつものが現れるかもしれない。現に、インターネットは既存の電気通信制度の外側で、学術コミュニティのなかで細々と実験されていたが、それが突如として市場に侵入してきた。同様のことは、学術ジャーナルのオープン・アクセス制度においても起こりうるだろう。

〔コラム7〕 フリー・ソフトウェア

一九八五年、リチャード・M・ストールマンは、MIT人工知能研究所に所属していたときに開発したEMACSという使いやすい編集プログラムを、UNIX上で動くようにし、無料で配りはじめた。フリー・ソフトウェアの誕生である。同時に「GNU宣言」を発表し、ここで「もし、好きなプログラムがあれば、それを好きな他の人と共有しなければならない」という黄金律を示した。[11] UNIXは当時パブリック・ドメインにあり、事実上の標準になっていたミニコン用OS（Operating System）であった。

かれはこの理想を実現するために一九八六年に非営利のフリー・ソフトウェア・ファンデー

ションを設立し、GNUの配付を始めた。その成果物には「GNU一般公有使用許諾」という文書がつけられていた。その文書はつぎのような原則を示していた。第一、複製物を自由に頒布し、販売できる。第二、希望すればソース・コードを入手できる。第三、入手したソフトウェアを変更し、新しいフリー・プログラムの一部として使用できる。第四、第一〜第三についてユーザー自身が知っていなければならない。この四原則をまとめると、著作権を主張したうえで、その行使に関する権利を放棄し、ユーザーの利用について何らの制限を課することをしない、ということになる。

通常の商取引では、プログラムをオブジェクト・コードの表現にして相手に渡すのが慣行である。オブジェクトにしてリバース・エンジニアリング——解読——を厄介にしようという自衛手段である。だがGNUではソース・コードの表現でプログラムを相手に配付することにしている。ソースであればユーザーが解読し付加価値をつけ配付を続けることができる。つまりGNUプログラムはユーザーがつねに改良し続けるプログラムとなる。このような原則をストールマンは「コピーレフト」と名づけ、その対象になるソフトウェアを「フリー・ソフトウェア」と呼んでいる。

フリー・ソフトウェアには二つの変種がある。パブリック・ドメイン・ソフトウェアとシェアウェアである。前者は著作権を放棄したものであり、誰でもコピーできる。後者はユーザーが開発費をシェアして負担するものである。負担の方法はさまざまである。

フリー・ソフトウェアの運動はその後さらに発展している。その代表例がリーナス・トーバルズが引っ張るLinuxというOSである。このソフトウェアの流通には多くの事業者までが参加するようになった。Linuxのコミュニティはこのようなソフトウェアを「オープンソース・ソフトウェア」と呼んだ。[12] ここでフリー・ソフトウェアという言葉を避けたのは、その言葉が企業人に刺激的——革命的——にすぎたためであった。ストールマンはこの言い換えを、原則を揺るがせにしたと批判している。

ストールマンの「GNU一般公有使用許諾」には変種がある。二〇〇一年、ジミー・ウェールズ——「ウィキペディア」の創始者——は「GNUフリー・ドキュメント使用許諾」を採用した。この事実は「ウィキペディア」が著作権フリーの思想に支えられていることを示している。[13] 同じく二〇〇一年、一般の著作物についてフリー・ソフトウェアの流儀を導入した組織が出現した。それが先に紹介したCCである。

つけくわえれば、プログラム共有の運動はコンピュータ利用の草創期に出現している。一九五五年、IBM704のユーザーがSHAREという組織を結成している。[14] その日本支部もあった。私もそのメンバーであった。

第四部

近未来——見直し

現行の著作権制度は、一九世紀後半の経済的、社会的、文化的、技術的な骨格をそのなかに埋め込んでいるために、二一世紀初頭に現れた新しい著作物をコントロールできなくなった。とくに超長期にわたる保護、そして権利取得手順の欠如、において。これに対して公益への配慮が求められている。

第10章

権利強化、あるいは権利制限

著作権法の目的は、米国では「学術および有益な技芸の進歩の促進」（憲法）、日本では「文化の発展への寄与」（著作権法）であるとうたわれている。だが、現実の著作権法はこの目的と緊張関係にある。

1　「一定の期間」すなわち「超長期」

一四年から死後七〇年へ

まず、権利強化の動向について。著作権の保護期間は、一六二四年の英国の専売条例においては、つまり著作権と特許権とが未分化の時代には、一四年間であった。[1] 一四年間というのは徒弟修業の二世代分であり、この期間内に権利者は投資の効果を回収することができる、と考えられた。この年限は一七〇九年の英国著作権法――最初の著作権法――にも受け継がれた。その一七〇九年法は権利者に著作者を加えた。なお、それまでは権利者は出版社のみとされていた。だが、ベルヌ条約は一九〇八年に保護期間を著作者の死後五〇年間と決めた。これが国際標準になった。

ところが一九九三年、ＥＵはこれを死後七〇年間と延長した。[2] じつは、フランス、ドイツに死後七〇年間、スペインに死後六〇年間という国内法があり、市場統合のためにはヨーロッパ諸国の国内法を標準化する必要があり、このための措置であった。これを見た米国は一九九八年に貿易上の配慮から対抗措置として国内法を変更し、保護期間を死後七〇年に変更した。この国内法を著作権保護期間延長法(CTEA)と呼ぶ。

なぜ、著作権の保護を著作者の死後にまで延ばすのか。著作者の配偶者、子供にまで保護を与え、これによって著作者にインセンティブを与えることができる、これが一九世紀の理解であり、ベルヌ条約の原則になったからである。CTEAはこの原則の延長を図るものであった。

たかが少数意見、されど少数意見

ところが、これを問題視する人が現れた。一九九九年、米国において、エリック・エルドレッドが複数の個人や団体と手を組んで司法長官を相手に訴訟を起こした。[3][4]エルドレッドはパブリック・ドメインにある著作物――著作権のない著作物――を無償でインターネット配信するエルドリッチ・プレス社に出資しており、そのエルドリッチは一九二三年以前に発表された著作物を使うつもりで準備をしていた。そこへCTEAが出現し、待ったをかけたことになる。エルドレッドはこれを不服として司法長官を訴えたのであった。

論点は二つであった。その第一は、米国憲法にある著作権条項に合致しているかであり、その第二は、これも米国憲法における表現の自由を侵すのではないかであった。

まず、米国憲法は、再び引用すれば、

著作者及び発明者に、その著作物及び発明に対する独占的な権利を一定期間保障することにより、学術及び有益な技芸の進歩を促進すること。

また、その憲法は、CTEAはこれをなし崩しにしてしまうのではないか。これが第一の論点であった。

と示していた（第5章）。ここで「一定の期間」というからには、何らかの上限があるはず、

合衆国議会は、（……）言論もしくは出版の自由、（……）を奪う法律を制定してはならない。

とも示していた。CTEAは「言論もしくは出版の自由」を奪う法律ではないのか。これが第二の論点であった。

エルドレッドは、一審でも控訴審でも最高裁でも、自分の言い分を通すことはできなかった。二〇〇三年、最高裁は七対二でエルドレッドの主張を拒んだ。ただし、最高裁の多数意見は一三ページにすぎないが、反対意見は一六ページに及んでいた。

まず、多数意見を紹介しよう。CTEAが表現の自由を奪うということはない。第一に、著作権法による保護――つまりコントロール――は表現に及ぶのみであり、着想、理論、事

実には及ばない。

第二に、著作権法には、「公正使用」（3節）という例外――つまり権利制限――を認める扱いがある。

第三に、著作権法は図書館や公文書館に著作権を制限する特例を示している。

第四に、表現の自由は、本来、自分自身の表現の自由を保障するものである。他人の著作物の流通については、その保護レベルはおのずと低くなる。

反対意見はどうであったか。まず、ジョン・スティーブンズ裁判官のもの。第一に、CTEAは、パブリック・ドメインになるはずの著作物を、事後的に遡及して私有のままに残してしまう。これは財産を無償で公衆から著作者や出版社などへ移転することを意味する。

第二に、著作権の目的は新しい著作物を生み出すインセンティブを作ることにあり、古い著作物の保存にインセンティブを与えることではない。

第三に、衡平という見地からは、何もしない既存の著作物の権利者よりも、一定の期間、保護されたあとの著作物に対する公衆のアクセスを支持すべきである。

つぎに、ステファン・ブライヤー裁判官の反対意見。第一に、CTEAは価格上昇によって著作物の流通を阻んでしまう。五〇～七〇年前の著作物で今日でも商業的価値をもっているものは二パーセントにすぎないが（詳しくは後述）、それに対する使用料は年間四億ドル、二〇年間で八〇億ドルにも達する。この使用料は「空から降ってくるわけではない」。公衆が負担しなければならない。ユナイテッド・エアライン社はジョージ・ガーシュインの「ラプソディ・イン・ブルー」の機内放送のために、これまで五〇万ドルも支払っている。これは切符の料金に跳ね返っているはずである。

第二に、残りの九八パーセントの著作物に対しては、許諾の取得に高額の探索コストがかかる。権利者がどこにいるのか。生存しているのか。生存していなければ相続人は誰か。これらの手順にかかる高コストは実質的には許諾を禁止してしまう。

第三に、古い著作物を利用しようとする歴史家、研究者、著述家の活動を妨げる。とくに、そのためのデータベースの作成に大きい障害となる。

第四に、CTEAは、「一定の（保護）期間」の延長によって、伝統的な著作物について、また新技術を利用する新しい形式の著作物について、それらの普及を阻んでしまう。これは表現の自由に深刻な影響を与えるものである。ブライヤーは「一定の（limited）」という言葉にこだわり、憲法制定の時代に普及していたサミュエル・ジョンソンの『英語辞典』までも参照している。

こうたどってくると、最高裁のなかにも古い制度ではもう間に合わないと意識した裁判官がいたことがわかる。これをあからさまにしたのがエルドレッド訴訟であった。

孤児著作物の認識

著作権法の狙いは、第一に、著作者の権利を保障することであり、それとともに、第二に、社会におけるその著作物の有効利用を図ることにある。この有効利用を実現するにあたっては、その前提として、誰でも自分が利用したい著作者に簡単にアクセスし、その著作者から利用の許諾を得ることができなければならない。

だが、ここに「孤児著作物」が出現した。「孤児著作物」とは何か。著作者を見つけることのできない著作物をこう呼ぶ。ここでCTEAにもどろう。CTEAはこの孤児著作物問題を刺激した。なぜならば、CTEAは著作権の保護期間を著作者の死後五〇年から死後七〇年へと延長したが、死後五〇年以上もたってしまえば、その著作権の相続者へのアクセスなど、絶望的に困難になるからである。

エルドレッド判決は議会研究サービス局（CRS）の調査を引用している。CTEAによって新しく保護される著作物は一九二三〜四二年に発表されたものであり、その数は三三五万件である。その一三パーセントの四二・五万件が再登録［注1］されており、さらにその一八パーセント——全体の二パーセント——にあたる七・七万件のみが現在も取引されている。したがって、CTEAは、この七・七万件を保護するために三二七・三万件——三三五万件引く七・七万件——のパブリック・ドメイン化を阻むものとなる。ついでに言うと、音楽の分野では、リヒャルト・シュトラウス、ベラ・バルトーク、モーリス・ラベルがCTEAの対象になる。

つけくわえれば、再登録の比率も著作物の分野別に異なる。音楽作品で三二パーセント、書籍で八パーセント、グラフィック・アートで三パーセント、という報告もある。(5) この数字はそれぞれの分野における商業的な価値を反映している。ということで、孤児著作物問題の出現は、上記の第二の目的について著作権法にほころびが出てきたと示すものであった。

孤児著作物に関しても社会的な有効利用を図らなければならない。では、孤児著作物に関する有効活用にはどんなものがあるのか。エルドレッド判決も触れてはいたが、ここで整理しておこう。

第一に、デジタル図書館やデジタル・アーカイブスが実現可能なものとして、さらには知的な社会基盤として求められるようになった。

第二に、先人の埋もれてしまった業績の発掘、再利用が活発になってきた。もともと、近い過去の著作物——例、ポスター、ビラ——は社会学や現代史の研究者にとって必要な資料であったが、このような関心がより広い分野に拡がった。

第三に、絶版の図書などについて、この有効活用を図ろうという風潮が強まってきた。ここには事業者、非営利の団体、個人——著作物の送り手も受け手も——が参加している。

第四に、もとの著作物よりも、その二次的な著作物のほうが市場的な価値をもつ時代になった（第11章）。ここでは孤児著作物は素材となる。

第五に、万人が著作者となり、そのなかには経済的な価値よりも自己発現をよしとする著作者――とくに研究者――が現れるようになった。かれらは、自分の著作物が孤児になることに不安を覚えるだろう。

第六に、オープンソース（第9章）、ファイル交換（第2章）などの活動が急速に拡がりつつある。

上記のいずれに対しても、これを可能にするデジタル技術と通信手段とがすでに普及している。くわえて、ここに検索エンジンが実用化し、これによってアクセス順位の低い――ロング・テイルにある――著作物であっても、それへのアクセスができるようになった。つまり、孤児著作物へのアクセスに有効な道具が出現したことになる。

ただし、問題は残っている。孤児著作物にはアクセスできたとしても、その権利者へのアクセスは保証されないからである。

2　無条件、ただし登録も

第一種の過誤

権利強化の動向について続ける。著作物でないものを著作物として受け入れてしまう誤りを、品質管理の用語を使うと、第一種の過誤と言う。逆に、著作物を著作物ではないとして棄ててしまうことを第二種の過誤と言う。著作権法は第一種の過誤を公然と認めている。これは無方式主義という原則によって生じている（第4章）。

この原則によって、著作権法はすべての作品に著作権を無条件に与えてしまう。「無条件に」なので、作者が登録とか出願とかいう手順をとらなくとも、したがって、いかなる審査を受けることもなしに、作成された時点で、その作品は著作権をもつことになる［注2］。これを無方式主義という。

無方式主義であれば、かりにそこに擬似的な著作物があったとしても、それも著作物として認めてしまう。著作権法はこのような一網打尽性をもっている。だが、それはいわば自称著作物にすぎない。それでは、その自称著作物が真の著作物であると、いつ、誰が判定するのか。それは訴訟の生じたときに裁判官がおこなう。つまり著作権法のなかでは、先に受け入れ、あとで確認、という順序――オプトイン――で著作物の真偽が判定される。しかも、その判定は全著作物に対してなされるのではなく、訴訟の生じたものに限り、ということになる。

もう一つ。無方式主義であれば、誰にとっても、誰がどんな著作物をもっているのか、これを確認する方法がない。成り行き上、同じ著作物が別人によって作られてしまうこともありうる。富士山に月見草を配した写真など、太宰治の愛読者でなくとも、多くの人が撮るだろう。また俳句には類句が少なくない（付録1）。著作権法はこうしたことには立ち入らない。

双方に著作権を与えてしまう。

繰り返そう。著作権法は、論理的には、どんな作品でもまず著作物として認めてしまい、そのあとで、ここから擬似的な著作物を排除する、という構造になっている。したがって、擬似的な著作物までも正当な著作物として扱ってしまう。著作権法は、このような大らかさ、いい加減さももっている。その結果、第一種の過誤を公然と認めることとなる。

登録方式へ——デファクトとして

無方式主義によって二つの難題が生じる。第一に、定義上、疑義のある著作物であっても、第二に、著作者が望まなくとも、その著作物には著作権が与えられてしまう。

まず、疑義のある著作物とは何か。すでに示した。それは抒情詩モデルから外れる擬似的な著作物、あるいは薄い著作権をもつ著作物（後述）である。無方式主義はこのような著作物まで著作権をもつものとして囲い込んでしまう。

つぎに、著作権を欲しない著作者とはどこにいるのか。たとえば、オープンソース運動の賛同者がそうである。この運動は、コンピュータ・プログラムの分野で拡がり、学術ジャーナルの分野でもオープン・ジャーナルとして一定の地位を占めている（第9章）。だが、このような著作者であっても、無方式主義があるために、その人は著作権の保有者にならざるをえない。この場合、その人は、自身の死後五〇〜七〇年にいたるまで、自分の意図を実現できないことになる。

　ということで、著作物の有効利用を考える人はここで無方式主義に反対しなければならない。具体的には、著作権の取得には登録が前提になるという条件を設ける。その登録を欠いた著作物には著作権を与えず、それをパブリック・ドメインに移す。このような登録システムを公的なものとして作り、その登録システムに登録されていない著作物の利用については公正使用（3節）の適用対象にする。

　この制度の実現可能性であるが、注1に示したように、米国では二〇年前まで、著作物登録の制度をもっており、そのもとで世界第一の規模をもつ著作権ビジネスを展開していた。現在でも米国には登録制度が残っており、侵害訴訟を起こす場合にはその著作物が事前に登録されていることが条件とされている。この点、ベルヌ条約の建前に反しているが、それを通している。同じベルヌ条約の加盟国として、米国にできることを日本ができないはずはない。

　じつは、現実に著作権ビジネスを進めるためには登録システムは欠かせない。ということで、法律は強制できないが、実質的には何らかの登録システムがすでにデファクトとして存在している。たとえば、ＪＡＳＲＡＣ(6)のシステム。あるいは学術著作権協会のシステム(7)。さらに登録システムの類似型としては、国立国会図書館の納本制度もある。こうした組織を磨きあげ、そこに新しい機能を加えるという発想もあるだろう。

二〇〇五年、米国議会では「パブリック・ドメイン拡張法」が提案された[8]。それは著作物の登録を復活し、その登録に一ドルの保守料を課すというものであった。またその登録は著作物の刊行後五〇年、さらにその後、一〇年ごとに求められ、これを怠る著作物をパブリック・ドメインに移すということになっていた。つまり、権利者にも応分の負担を求めるものであった。この法案は廃案になったが、その後も、復活の機会を狙っている。ここに一つの兆候を見ることはできるだろう。

3 公益への目配り

表現の自由、そして公正使用

権利制限の動きについてはどうか。米国の著作権局は二〇〇六年に『孤児著作物に関する報告』を発表した[9]（1節）。この報告は上記の論点について、利害関係者の意見を広く求め、それをまとめたものである。その主張はエルドレッド裁判の判決も踏まえており、二〇七ページを超える周到なものとなっている。

ここに、孤児著作物の有効利用を図りたいが、権利者あるいはその相続者にアクセスできない人がいるとしよう。その人は著作権侵害を覚悟しなければ、その孤児著作物を有効利用できない。このとき、その人は自分の意図をあきらめなければならないのか。これを救う法的な仕掛けはできないのか。これが著作権局報告の意図である。

この報告は、お役所仕事であり、そのためか淡々とした書きぶりになってはいるが、それにしては思い切った論旨を含んでいる。いま、孤児著作物の利用者は著作権侵害のリスクをとると言った。このリスクを抑えるために「表現の自由」あるいは「公正使用」（後述）という法理を使えないのか、ということである。いずれもエルドレッド判決にあった言葉であり、その意味を敷衍《ふえん》したことになる。

表現の自由は米国憲法修正第一条に定められている（1節）。憲法は著作権法よりも上位にあるが、この論理を通せるのかどうか、その根拠を確認する必要がある。著作権局の提案は、つぎの手順をとったら、というものである。第一に、孤児著作物から「薄い著作権」をもつ著作物（第4章）を選別する。第二に、薄い著作権の著作物であれば、その流通を阻むことは表現の自由に反するリスクが高いと判断する。第三に、表現の自由に反するリスクがあれば、その著作物の利用を公正使用として認める。

ということで、つぎに「薄い著作権」とは何か、どのように確認できるか、これが課題になる。ここで著作権局は、孤児著作物を「表現／内容の二分法」（第4章）という篩《ふるい》にかけたら、と言う。この二分法によって、著作権の保護は「着想、手順、プロセス、システム、操作法、概念、原理、発見」には及ばないことになっている。したがって、当の孤児著作物のなかにこれらの要素が多く含まれていれば、その著作物は「薄い著作権」しかもたない。つまり薄い保護しか及ばないことになっている。同時に、薄い著作権しかもたない著作物は、そのぶん、表現の自由に触れる要素——着想など——を含み、そのコントロールは表現の自由を侵す確率が高い。したがって、このような著作物の有効利用は、公正使用として著作権侵害としない。

具体的には、どのような著作物がこのカテゴリーに入るのか。ノンフィクション、歴史的文書、ニュース記事、マニュアル、教科書、コンピュータ・プログラムなどである。とくにプログラムがここに入ることに意味がある。ソフトウェアは別名「廃棄ウェア」と呼ばれるくらい棄てられているものが多い。だが、著作権侵害リスクを恐れて、そこに廃棄ウェアがあっても、それをそのまま使うことはなく、それをリライトして使う場合が少なくない。このような著作物を孤児にすべきではないだろう。

アルゴリズムでなく、レトリック

米国の著作権法には「公正使用（fair use）」という条文がある。著作者の許諾なしに第三者がその著作物を例外的に使用（コピー）できることを指す。公正使用とはその行為は著作権法の示す規定からは外れているが、著作権侵害ではないということであり、著作権侵害ではあるけれどもその責任を問わないということではない。これは私人による著作権の主張と公益とのバランスをとるために導入されている条項である。

この規定の特徴は、これこれの場合には著作権を制限するというように、これこれの規定をあらかじめ定めておくというものではなく、どんなことであれ問題が生じたとき、そのつど裁判に持ち込み、法廷の判断を求めよう、という方法をとっていることである。

米国の法廷がこの法理を最初に示したのは一八四一年であり、伝記に引用された書簡が問題になった。この法理を「公正使用」と呼んだのは一八六九年であった。その後、時間をかけてこの法理を磨きあげ、一九七六年にこれを著作権法に取り込んだ。それはつぎのように示されている。

公正使用の可否は、批評、解説、報道、授業、研究、調査などを目的とする使用において、

①使用の目的と性質は非商業的か、それとも非営利の教育的なものか？

②原著作物の著作物性は高いのか、それとも低いのか？

③使用されたのは、原著作物の本質的な部分か？　またその量は大きいのか？

④使用によって、原著作物の価格や潜在的な市場は影響を受けたのか？

の四要素を参照して決める（要旨）。

話が厄介になるのは、上記の四要素が判断の視点を示すものであり、許容の範囲や条件な

どを示したものではない、ということにある。これはアルゴリズムではない。レトリックである。アルゴリズムであれば、機械的に使える判断ルールになる。だが、レトリックということになれば、その出力つまり判決は、裁判官の資質にかかわる。つまり、その出力は原告から見ても被告から見ても予測不可能となる。

日本法には公正使用という言葉はないが、これに相当する仕組みはもっており、それを厳密に規定している。それは、家庭、教育機関、学校、図書館、視覚障害者、裁判所などにおける著作者の権利を制限するものである。ただし、それはどんなコピーでも認めるというものではない。利用行為の主体、目的、方法、条件を限定し、あるいは著作物の種類や量を限定している。図書館のユーザーを例にとれば、来館者に限る、調査・研究に限る、複製に限る、非営利のものに限る、図書館の所蔵する公表資料に限る、その部分それも一部のみに限る、ということになる。

公正使用の規定を日本でも導入すべきではないのか。[10] こう二〇〇八年末に提案したのは政府の知的財産戦略本部である。これに応じて文化審議会は二〇一〇年にワーキング・チームの報告書を発表している。

後回しになったが、WIPO著作権条約（第5章）は著作権を制限できる場合があるとしている。その条件は、第一に、若干の特別な場合のみを対象とすること、第二に、その著作物の通常の利用と衝突しないこと、第三に、権利者の正当な利益を害さないこと、である。

米国の公正使用条項はここに入ると見られている。

ところで、公正使用のアルゴリズムはどこにあるのか。特許制度を裏返しにしてみると、あるいは見つけ出すことができるかもしれない。

揺れる判断

ここで代表的な判例を二つ紹介しよう。それは家庭内コピーに関するものと、パロディに関するものである。前者が四要素の適用原則を決め、後者がその修正を試みたものである。それぞれの訴訟の結果を表10・1にまとめる。公正使用をよしとした要素に○、公正使用を非とした要素に×を付し、その理由を添えておこう。

第一の例はVTRの家庭内使用に関するものである（第3章）[11]。訴えたのは映画会社（ユニバーサルなど）、訴えられたのはVTRの販売会社（ソニー）であった。裁判は一九七九〜八四年に実施された。論点は、家庭内ユーザーが、放送される映画作品をVTRによってコピーすることは著作権侵害になるのか、さらにソニーはその侵害に責任があるのか、ということにあった。ソニーは家庭内コピーは公正使用になると主張した。

一審は公正使用を認めた。控訴審は一審の判断を退けた。最高裁はつぎの理由を示し、控訴審の判断を拒んだ。第一要素は○。家庭内使用は非商業的、非営利的である。第二要素は○。原著作物は映画であり著作物性をもつが、それが無料で放送されたことが優先する。第

	家庭内コピー訴訟	パロディ訴訟
第1要素	○→×→○	○/×→×→○
第2要素	○→×→○	×→×→○
第3要素	×→×→○	○→×→○
第4要素	○→×→○	○→×→○
最終結論	○→×→○	○→×→○

表10・1　公正使用判決の揺れ（注、一審→控訴審→最高裁）

三要素も○。原著作物の全体が使用されてはいるが、これもそれが無料で放送されたことが優先する。第四要素は○。損害を実証できなかった。

第二の例はパロディ作品に関するものである。[12] 訴えたのは「オー・プリティ・ウーマン」（ロイ・オービソンほか作）という曲の著作権の保有者（エイカフ＝ローズ・ミュージック社）、訴えられたのはそのパロディ版の作者（2ライブ・クルー）とその関係者であった。裁判は一九九一～九四年にわたった。論点は、パロディ版を原作者からの許諾なしに作成することは公正使用になるのか、にあった。パロディ版の作者は原作者に原作の利用許諾を求めたが、その許諾を得ることができなかった。ただし、パロディ版には原作者と著作権者の名前が明記されていた。パロディ版はアルバムB面の一曲にすぎなかったが、発売後一年間に二五万枚も売れた。ついでながら、オリジナル版は抒情的なものであり、パロディ版は猥雑なものであった。

一審は公正使用を認めた。控訴審は一審の判断を棄てた。最高裁はつぎのような理由を挙げ、控訴審の判断を差し戻した。第一要素は○。パロディにおいては「変形の程度」という概念が重要であり、変形的であれば商業性を無視できる。第二要素は○。そもそもパロディは公知の表現をコピーするものである。この特性が優先する。第三要素は○。パロディの面白さ、批評性はオリジナルの模倣と歪曲によって生じる。パロディ版の模倣は第一フレーズのみであり、あとは独自の表現に移っている。第四要素は○。批評によって原作品の売上が減少することもありうる。批評はそのような役割をもつものである。批評は著作権侵害ではない。

いずれの訴訟においても、「一審○→控訴審×→最高裁○」という経過をたどった。公正使用においては、このように判断の揺れることが多い。つけくわえれば、ソニー訴訟の最高裁判決において、裁判官の判断は五対四と分かれていた。

ここに示した法廷の判断の乱れが、じつは公正使用という法理の特徴でもある。というのは、繰り返しになるが、法律にはそのレトリックの論点のみが示され、善し悪しの条件は規定されていないからである。したがって、公正使用の導入によって、不確実性は不可避的に生じる。同時に、規制のあり方が事前ではなく事後になる。私たちはこれを覚悟しなければならない。

文献計量学的考察

この本の著者の偏見かもしれないが、法律家は統計が嫌いなようである。統計には不確実性がともなう。これが予測可能性を大切に扱う法律家の気分にそぐわないのだろう。ある行為が法的に許されるのかどうか、これを予測できなければ、世の中の動きは止まってしまうだろう。この視点からすれば、不確実性をともなう公正使用という条項は、法律家から見ていまいましいものかもしれない。

話を統計にもどそう。およそ法学系のジャーナルというものに、統計を駆使した論文の出ることは少ない。だがバートン・ビーベという研究者が公正使用をテーマにした文献計量学的な論文を発表している。(13) 以下、これをつまみ食い的に紹介しよう。

米国における公正使用は一九七六年法で定義されている。この規定は、その後二〇〇五年までに、年間平均一〇・九件が法廷で議論されている。うち、年間平均四・六件に公正使用が認められている。なお、この期間の著作権訴訟の数は年間平均一九九一件であった。ここに、一九八八年以降にコンピュータ・プログラム、一九九三年以降にインターネット関連の公正使用論が現れる。この期間におけるその割合は二二・六パーセントである。この値は動画の二〇・六パーセント、音楽の六・二パーセントという値よりも大きい。

ビーベ論文は続ける。判例を見ると、裁判官は四つの要素を同等に扱っているわけではない。第四要素に高い配点を与えている。逆に、第二要素に対する配点は低い。また、第一要素と第四要素とのあいだの相関が高い。つまり評価軸として直交していない。したがって、商業的という要素が二重に加算されてしまう傾向がある。

第一要素と第四要素との重なりを除くために、上記パロディ裁判の最高裁は、第一要素に対して「変形の程度」という概念を提案した。これはコピーされた著作物が原著作物から二次的な著作物へと変形されているほど付加価値がつき、それは原著作物の単なる置き換えからは離れる、つまり異なる市場に対するものになる、したがって公正使用になりやすい、という論理であった。ただし、それが変形的であるほど、じつはパクリであることを許すことにもなってしまう。これはこれで厄介なことになる。だからか、その後この説はあまり普及していない。

これというのも、四要素が体系としては論理的に組み立てられたものではない、ということからきている。なぜ、そうなったのか。過去の判決を積みあげ、それをカテゴリー化したためである。

公正使用論の拡張

論点を具体化するために、話題を孤児著作物に移す（1節）。孤児著作物の利用は著作権侵害のリスクをもっていると、すでに述べた。このリスクの回避のために、公正使用という概念を使えないのか、という意見がある。順序が逆になるが、まず、反対論から紹介しよう。法律家——とくに日本の——のなかには否定的な意見が多いので。

その第一は、この課題は先に示した四要素のどれにも対応しにくい、というものである。

たとえば、孤児著作物の利用には営利的目的でなされるものもあるはず。その第二は、これも説明済みであるが、公正使用は裁判があって初めて適用される事後的な手順であり、かつ裁判所の判断に不確定な揺れを避けられない、というものである。

にもかかわらず、法律家にも公正使用の支持者はいる。なぜか。その言い分を聞くと、もともと公正使用とは公益のために著作権を制限するレトリックであり、この趣旨にそって公正使用の適用範囲を拡張したら、というものである。この視点で見れば市場の失敗を避けることは公益につながる。(14)(15)

市場の失敗とは何を指すのか。孤児著作物の利用について、すでに示したようにユーザーは著作者の許諾をとるためにはとんでもないコストと時間がかかる。いっぽう、孤児著作物それ自体の経済的な価値は、これもすでに見たように、古くなるほど小さくなる。したがって多くの場合、著作者探しのコストは著作物の市場価格を超えてしまう。このような場合、公正使用が適用されるものとする。つまり、公正使用の導入論者は現行の法理をそのままの形で適用するのではなく、その拡張を提案していることになる。

改めて公正使用に関する判例を見ると、「公正使用×」という判断を示したものは法律にとらわれているようであり、「公正使用○」という判断を示したものには裁判官の「公正感」といった感覚が滲んでいるようでもある。ベニスの商人の無慈悲かつ杓子定規的な証書を非とした衡平法の精神が、ここには光っている。

4　著作権法の見直し論

生き残り論

米国にパメラ・サミュエルソンという著作権の研究者がいる。新しい技術動向について深い理解をもっており、法学者には珍しく理工系の学術ジャーナルにしばしば論文を発表している。そのサミュエルソンは、すでに一九九四年に「著作権局は二一世紀に生き残れるか」という論文を示している[16]。その意見はエキセントリックではあるが明快である。その骨子を紹介しよう。

第一の生き残り戦略は、著作権局が現行制度の維持に努力し続けることである。だがこの場合には著作権局の仕事はなくなってしまうだろう。なぜならば現行法は著作権ビジネスの関係者にとっては役に立たないものになるからだ。たとえばコンピュータ・プログラムのビジネスを見よう。ここでプログラムの販売者は、

このパッケージを開封すると、パッケージ上に記載された使用条件に同意したこととなる。もし、この諸条件に同意しないならば、あなたはパッケージを開封してはならない。

というルールを作った。著作権法では著作物の「使用」をコントロールできないために(第4章)、この使用許諾契約——シュリンクラップ契約とも言う——が著作権法をバイパスして作られた。デジタル著作物に対しても、今後、これに類似する契約がたくさんできることだろう。

第二の生き残り戦略は、著作権局が著作権ビジネスの意向にそって仕事を展開していくことである。だが、この場合には著作権に関する業務を現在のように議会図書館に置いておく必要はない。企業の代弁をするのならば、その組織を特許商標庁に吸収させて商務省の管轄にしてしまったほうがすっきりする。

第三の生き残り戦略は、著作権局が連邦捜査局の一部門になることである。現在、米国のソフトウェア出版協会は著作権侵害に対してもっとも強力な団体である。この団体のノウハウを吸収し、この分野でイニシアティブを発揮したらよい。たとえば銀行員がデータを変造したらそれを二次的著作権の侵害で告訴する。スパイが国家機密を盗んだらかれを不法コピーで摘発する。このように著作権法は犯罪をコントロールするための万能の道具になりうる。

技術すなわち法律、その代償

一九八〇年代、森亮一は現実的な著作権料徴集システムを提案した。いわゆる超流通システムである。[17] これはユーザーに著作物使用のカウンタを配付し、その記録をあとで収集すればよいという分散管理の発想である。ユーザーのカウンタは著作物を使用するたびに、そこに記録されている識別番号を読みとる。この記録はネットワーク事業者またはICカードで収集される。決済は既存の社会システム――たとえばクレジット・カード会社――に頼る。

電子的な著作権管理システム――DRM――は、上記の森亮一の構想をはじめ、さまざまな人によって提案されている。たとえば、テッド・ネルソンはザナドゥ――桃源郷――というシステムを示している。[18] これは知識をハイパーリンクによって集積し、リンクの設定者とそのユーザーとから使用料を徴収するシステムであった。この種のシステムは、いずれも伝統的な著作権制度はそのままに放置しておき、それをバイパスするシステムを作ってしまうというプラクティカルな方針をとっている。その制度的な特徴のどこが現行制度をバイパスすることになるのか。これを確認しておこう。

第一に、システムは営利事業として運用される。既存の著作権管理団体は「規制のもとでの寡占」という性格をもつ法定の非営利団体である。DRMはフランチャイズ制のもとで市場競争をする分散管理システムとして構想されている。

第二に、著作物の管理は著作者による著作物の登録行為を前提としている。これは現行制度である無方式主義の原則から外れている。ただし、現行の著作権管理システムも、その多くは、すでにこの方式をとっている。

第三に、ユーザーはシステム上の著作物を、使用料を支払うことにより使用できる。ユーザーの使用料は、その著作物の著作者と、そこにリンクがあればその設定者と、システムの運用者へ支払われる。著作権法は著作物の表現と意味とを区別し、前者のみを保護すると言っているが、このシステムは表現も意味も区別せずに保護することになる。また、著作権法は著作権の利用——例、複製——を管理することになっているが、このシステムは著作物の使用——例、読む行為——を管理するものである。さらに、著作権法はエンド・ユーザーの著作物使用を「私的使用」として管理外に置いているが、このシステムはエンド・ユーザーの行為をモニターして、かれらに課金をする。最後に、著作権法は著作者の許諾権——オプトイン——をベースにしているが、このシステムは著作者の報酬請求権——オプトアウト——のみを認め、許諾権は認めないこととなる。

第四に、ユーザーはシステム上の著作物を自由に使用できる。使用の方法は、複製、二次的改変、引用——リンクを張る——など、まったく自由である。これは著作者のもつ同一性保持権つまり著作者人格権を完全に無視するものである。

第五に、著作物の周知、著作物の流通と使用、著作権料の徴集は、すべてネットワーク上でおこなわれる。このシステムにおいては著作物の流通がエンド・トゥ・エンドとなり、ネットワークがすなわち市場となる。この意味では、出版社、レコード会社、放送局など著作物流通事業者の市場における位置づけがあいまいになる。

DRMはたぶん完成するだろう。だがそのときには、現行著作権制度の外側に新しいデファクト・ルールが設定されているにちがいない。

技術システムが法律を代替するという上記の論は、じつは私が一九九六年に発表したものである[19]。この議論は技術者や実務家からは支持されたが、法律家からはまったく無視された。だが、世紀の変わり目に米国の憲法学者レッシグが発言した。技術がコード——つまり法律——を作る、と。これについてはすでに示した(第1章)[20]。

著作権法の相対化

二〇〇二年、日本政府は「知的財産基本法」(以下、基本法)を制定した。この法律の第一条を見ると、

> 活力ある経済社会を実現するため、(……)知的財産の創造、保護及び活用に関する施策を集中的かつ計画的に推進すること

を目的としている。

問題は、基本法にいう「知的財産」に、発明、考案、植物新品種、意匠、著作物、発見、商標、商号などが含まれていることである。その結果、著作物は、発明、考案などと同じ基

準――「活力ある経済社会を実現する」という基準――で「集中的、計画的」に評価されることになった。かつては、著作物は著作権法のなかでのみ評価されてきた。だが、基本法の制定後、著作物に対する著作権は、発明に対する特許権、植物新品種に対する育成者権、デザインに対する意匠権などと同じ括りで、つまり相対化して議論されることになった。

もう一つ。基本法は利害関係者として、国、地方公共団体、大学、事業者が知的財産計画の実現にあたり「責務」をもつべきであると示している。本来の著作権法にはこのような枠組みはなかった。そこにあるものは、創作者優先の理念であった。この枠組みが組み換えられることになる。

基本法を受けて、政府は具体的な指針として、二〇〇三年以降、「知的財産推進計画」を示している。これらの文書を見ると、著作権法はかならずしも中心的な課題として扱われてはいない。ただしその後、文化審議会は推進計画の趣旨にそって検討を続けている。

この検討結果を見ると、著作権のそもそもの理念や原則に反するような意見も議論されている。たとえば、デジタル著作物に対しては特別法を作れ、著作権の公正使用を認めよ、著作物の登録制度を設けよ、表現の自由との調和を図れ、など。かつての著作権審議会では、論点は権利強化に関するものがほとんどであったが、基本法制定後の時代においては、ここに権利の制限に関するものも加わってきた。

このような環境変化のなかで、法学専門家も著作権制度の再構築を論じるようになった。

著作権の専門誌にも、「著作権法の見直し論」といった論文が投稿されている。[21][22][23] 法学の分野でも著作権を相対化して理解するような人びとが出現したことになる。

モデル法の提案

二〇〇七年、『ユタ・ロー・レビュー』誌は「著作権を修正する」という特集号を刊行した。ここでサミュエルソンは「著作権に関する予備的考察」という論文を発表している。[24]

現行の米国著作権法はあまりにも肥大化し、かつ複雑になってしまった。それは二〇〇ページを超える。このような著作権法に対して、著作権のモデル法を作ってみよう。それが現実には困難な試みであっても。これがサミュエルソンの言い分である。

サミュエルソンは続ける。モデル法を作るメリットはどこにあるのか。第一に、「よい」著作権のビジョンを訴えるための手がかりとなる。第二に、著作権法改定について個別の案件が生じた場合、その意味を確認するためのプラットフォームになる。第三に、既存の規定があいまいである場合、法廷や研究者に解釈の指針を与える。第四に、何が「よい」著作権なのか、その議論を刺激し、既存の法の代替案作りに役立つ。第五に、著作権法を単純化するための出発点となる。

具体的には著作権法のどこに注目すればよいのか。第一に、著作権法が保護すべき対象は何か。第二に、誰が、どんな作品が保護されるのか。その条件は。第三に、どんな権利に排他性をもたせるべきか。第四に、その排他的権利の保護期間は。第五に、その排他的権利に例外を設けるべきだろう。その例外の基準は。第六に、何が侵害か。その基準は。第七に、侵害に対する救済のあり方は。

このような試みは専門家からは児戯に類する行為、現実をわきまえぬ所業と指差されるかもしれない。だが、一九七六年制定の現行著作権法についてもそれに先立つ二〇年間にわたるあれこれの検討があった。この経験を再び試みる時期がいまである。サミュエルソンはこのように訴えている。

注

［1］登録、再登録——米国の一九〇九年著作権法は、「登録した著作物のみ」に二八年間有効の著作権を与え、「再登録」によってその保護をさらに二八年間延長できるとしていた。したがって、誰でも著作権局に出かければ、著作物の登録リストを見ることができた。

もう一つ、登録と同時に、登録者は、その著作物に©と氏名と登録年とをつけることになっていた。したがって、この著作権表示によって、誰でもその著作物が著作権をもっているのかどうか、その著作者が誰か、これを知ることができた。

いっぽう、ベルヌ条約はこれらの手順を認めていなかった。無方式主義を示していたからである。したがって、米国は、ベルヌ条約への加盟にあたり、登録と著作権表示とを「任意」とし、再登録も廃止した。ただし、著作権表示のある著作物に一定の恩恵を与えた。こののち、登録、著作権表示の有無にかかわらず、すべての著作物は、一定の期間、著作権をもつようになった。

［2］日本法にも登録の規定はある。ただし、それは例外的な場合——たとえば著作物の譲渡を不動産並みに扱ってほしい場合——にのみなされる。

第11章

新しい葡萄酒は新しい革袋に

古い革袋――著作権法――は、古い葡萄酒――書籍――をモデルにして作られたものである。ここに新しい葡萄酒――たとえばブログ――を盛ることができるのか。これが問われている。

古い葡萄酒――古い著作物

まず、読者諸姉兄に、つぎの『ルカによる福音書』の言葉を思い出してほしい。

だれも、新しいぶどう酒を古い革袋に入れたりはしない。そんなことをすれば、新しいぶどう酒は革袋を破って流れ出し、革袋もだめになる。

現行の著作権制度の原則はベルヌ条約にあり、そのベルヌ条約は一八八六年に締結されたものである。ただしベルヌ条約は二一世紀になっても、制定時の骨格をそのまま残している。いっぽう、著作権制度の対象となる著作物は、この間、大幅に変化している。こちらの変化は世代がまったく替わった、と言ってもよいほどである。

したがって二一世紀初頭における著作権をめぐる状況は、古い革袋に新しい葡萄酒を盛っている、といった格好になっている。ここにいう古い革袋とは制定時のベルヌ条約の骨格を、また新しい葡萄酒とは現在における著作物を指すものとする。

		古い葡萄酒（著作物）	新しい葡萄酒（著作物）
著作者		エリート	誰でも（プロシューマ）
著作物の特性	典型例	書籍	ブログ
	その実体	記録メディアと一体	裸の記号
	記録の特徴	固定的	増殖的
	表現の形式	テキストが主	何でも
	記録の単位	冊子体（例）	パラグラフ（例）
	製作の手順	バッチ処理	リアルタイム処理
	アクセスの手順	リニア	ランダム
著作物の技術的環境	再生装置	ない	不可欠
	コピーの品質	不良	オリジナルと等価
	コピーのコスト	大（禁止的）	無視できる
	コピー機器	著作者占有	ユーザーに拡散

表11・1　古い葡萄酒、新しい葡萄酒

以下、つぎの手順で話を進めたい。第一に、古い葡萄酒の特徴を確かめる。第二に、古い葡萄酒の特徴が染みついた古い革袋の仕様を洗い出す。第三に、新しい葡萄酒の特徴を古い革袋の仕様と突き合わせ、後者の足らざるところを引き出す。第四に、その足らざるところを補う新しい革袋を求める。

まず、古い葡萄酒と新しい葡萄酒とを比較しておこう。これを表11・1に示す。細かい点には眼をつむってほしい。

順序として、古い葡萄酒の特徴を列挙しよう。まず、著作者であるが、ベルヌ条約は、当時の著作者、当時の著作物の特徴に見合っているはずである。これを読みとってみよう。ベルヌ条約の制定に強いリーダシップを発揮したのはフランスであり、その先頭に立ったのは国際文芸協会――一八七八年設立、のちの国際文芸美術協会、日本では国際著作権法学会と呼称――であり、さらにその協会の中心にいたのがビクトル・ユーゴーであった[注1]。つまり、ベルヌ条約の制度設計に影響を及ぼした人びとは、テキスト系の、しかも芸術系の、しかも西ヨーロッパのエリートであった。(1)

つぎに、著作物についてはどうか。その典型例は理念としては抒情詩、具体的には書籍であった(第4章)。

その書籍であるが、一九世紀になっても稀少品――今日の視点からすれば――であった。この時代の読者について見ると、フランス人の識字率は約七〇パーセントにすぎなかった。(2)一八八九年の書籍の発行統計があるが、これを見ると、フランスのそれは一万五七七五部である。他の西ヨーロッパ諸国はこれ以下である。(3)

著作物にもどれば、その特性は記録メディアと一体であること、また、そのコピーは写本、したがってその品質はオリジナルより劣化する、というものであった。

そもそも、ベルヌ条約制定の時点では、存在するコピー技術は印刷術と写真術に限られ、いずれも著作者側が占有できる環境にあった。かりにユーザーが誰かの著作物のコピーを試みたとしても、その人はコピー品質の劣化とコピー・コストの負担とを覚悟しなければなら

		古い革袋（制度）	新しい革袋（制度）
制度の骨格	著作者の立場	不可侵（人格権）	オープン化も
	権利行使の方法	オプトイン（許諾権）	オプトアウト（報酬請求権）
	保護の対象	全数	登録著作物のみ
	保護の期間	次世代、次次世代まで	孤児著作物を生じない期間
市場からの要求	対価の支払者	ユーザー	第三者も、無償も
	市場の形	一次的著作物が主	二次的著作物も
	著作物の価値	オリジナルが最大	オリジナル以上のコピーも

表11・2　古い革袋、新しい革袋

なかった。このコピー行為の困難さも、著作者のコピーに対するコントロールを強めるものとなった。

ということで、この時代、生産者と消費者とのあいだには、大きい非対称性があった。古い革袋はこの非対称性に見合ったものであった。

古い革袋――古い制度

古い葡萄酒を盛った古い革袋はどんな仕様をもっていたのか。もし新しい革袋があれば、どんな仕様にすべきか、双方を比べたものを表11・2として紹介してみよう。

まず古い革袋、つまり制定時のベルヌ条約はどんな仕様をもっていたのか。改めて列挙しておこう。

第一に、著作者の立場は不可侵である。これは「人格権」で示されている。この権利は著作物に貼りついている（第4章）。著作者は自分が手放した著作物であっても、その著作物をリモート・コントロールできる。これは著作物の流通市場に歪みを与えるものとなる。

第二に、オプトインという許諾手順がある。すでに示したが、ユーザーは、みずからコストを支払ってその著作物と著作者とを探索し、その著作物をコピーする許可を求めなければならない（第1章）。著作者は懐手をして待っていればよい。

第三に、無方式主義がある（第4章、第10章）。著作者は著作物の発表と同時にその著作権を自動的に確保できる。著作者は何の手続きもとる必要はない。どんなコストもかけなくてよい。したがって、新しく制作される著作物は、その全数が著作物とみなされてしまう。

第四に、長すぎる保護期間がある。ベルヌ条約は国内法にまかせているが、当時のフランス法——一八六六年法——はすでに著者の死後五〇年間と定めていた。

さらに著作物の市場からも、著作者優先のビジネス・モデルを支えるような制度作りを求められていた。それは、ユーザーが対価を支払い、オリジナルをよしとし、その価値をコピーよりもうえに置く、というものであった。これも表11・2に示した。

新しい葡萄酒——新しい著作物

古い革袋に押し込まれている新しい葡萄酒は、つまり現在の著作物は、どんな姿、形をしているのか。再び、表11・1（右欄）を参照してほしい。

第一に、著作者が変わった。その数も増大した。ユーザーが著作者となり、みずから著作物を作りはじめた。アルビン・トフラーが『第三の波』で予言したプロシューマー——プロデューサ＆コンシューマー——が出現したことになる。すでに「UGC（User-Generated Content）」という言葉も使われている。その代表例がブログである。日本における統計（情報通信政策研究所、二〇〇八年調査）を示すと、公開されているもの一六九〇万（記事数一三・五億）、うち活動中のもの三〇八万（記事数五・七億）であり、またブログ開設者の三一パーセントが自己表現という動機をもっていた。[4] ここでも、古い革袋の仕様は破られた。その古い仕様とは、著作物の創作者はエリートに限られるというものであった。

第二に、著作物の物理的な特性がまったく変わった。個々の説明は省くが、それは記録メディアから剥がされた、そして変幻自在なデジタル信号となった。つまり物理的に不安定となった。それはコピーしやすい存在、改変しやすい存在、コントロールしにくい存在となった。

第三に、著作物の価値のあり方が変わった。たとえば、プログラム、そしてデータベースを見ると、いずれの価値も、個性の違いの表現に対するものではなく、いずれかと言えば誰にも役立つ——つまり没個性的な——機能に対するものである。どちらもオリジナルに手をかけるほど、性能は、つまり価値は、向上する。ここでも古い革袋の仕様は破られている。その古い仕様とは、物理的な品質も経済的な価値もオリジナルが最高であるというもの、つまり芸術的な著作物に対するものであった。

第四に、コピー技術が変化した。デジタル方式のコピー技術が開発され、原著作物とまったく等しい品質の複製物を、原理的には無限回数、繰り返しコピーできるようになった。古い革袋に求められていた仕様は、ここでも破られている。

著作権2・0、再考

新しい葡萄酒を盛るために役立つ新しい革袋は、どんな仕様をもっていなければならないか。それはまず、新しい著作者、新しい著作物の特性に合致しなければならず、つぎに、新しいユーザーの行動、新しい技術的な環境、新しい市場からの要求にも適応しなければならない。

第一に、技術的な環境が不連続的に変わった。インターネットというコピー装置が地球規模の社会基盤として出現した。ピングダム社によれば、二〇〇九年、全世界におけるインターネット・ユーザーの数は一七・三億人、うち、西ヨーロッパ諸国のユーザー数は二四・一パーセントにすぎない。ここに米国とカナダとを加えても、その比率は三八・七パーセントにしかならない。(5) つまり、インターネットのユーザーは、古い革袋に染みこんでいた西ヨーロッパ中心の秩序、そして文化から、はるかにはみ出している。

第二に、家庭のユーザーがコピー機器を所有するようになった。総務省によれば、日本では、二〇〇九年、七六・八パーセントの世帯がブロードバンド回線を、九六・三パーセント

	著作物の一次的流通市場	著作物の二次的流通市場	計
テキスト系	4兆2405億円	6343億円	4兆8748億円
音声系	5989億円	4031億円	1兆0020億円
映像系	4兆0279億円	1兆5063億円	5兆5342億円
計	8兆8673億円	2兆5437億円	11兆4110億円

表11・3　メディア・ソフトの市場規模(2007年)(出所：情報通信政策研究所)

の世帯が携帯電話を、八七・二パーセントの世帯がパソコンをそれぞれ保有している(6)。この他、多くの家庭には、テレビの録画機器、デジタル・カメラ、ゲーム機、ファックスなど、あれこれのコピー装置が置かれているはずである。このような状況は日本に限られないだろう。早い遅いはあるにせよ、いずれは他の非西ヨーロッパ諸国にも実現するはずである。古い革袋の仕様はここでも破られている。その仕様とは、コピー機械は著作者が独占できるというものであった。

第三に、市場における著作物の扱い方が変わった。日本のメディア・ソフトの生産実績は表11・3のようになる(7)。ここにいう一次流通とは著作物本来の使用——例、映画ソフトに対する劇場上映——に対するもの、また二次流通とは著作物の二次的使用——例、映画ソフトに対するビデオ販売、テレビ放送——に対するものを指す。なお、この統計には、ライブ・コンサートとコンピュータ・プログラムとは含まれていない。

表11・3に明らかなように、新しい葡萄酒の時代においては、古い葡萄酒の時代には当初存在しなかった映像系の著作物が増

えている。同時に、二次的な流通が無視できない量に達している。ここでも古い革袋の仕様は破られている。

つけくわえれば、この表の外に、コンピュータ・プログラムの市場が同一年次で一〇兆二九七五億円もあり、[8] これはメディア・ソフトの全市場と同規模である。ここには、古い革袋がまったく予想もしていなかった著作物がある。

第四に、ユーザーが著作物の共有を始めた。その代表例が動画共有サイトの「ユーチューブ」である。当の事業者によれば、このサイトには一分ごとに一〇時間分の動画がアップロードされ、一日あたりの投稿数は数十万本、クリップ数は数億本、一カ月あたりのユーザーは六八五〇万人、ページ・ビューは三七億件であるという[9](二〇〇八年三月発表)。ここでも、古い革袋の仕様は破られている。その仕様とは、著作者は自分の著作物を専有するというものであった。

まとめよう。二一世紀初頭において、著作物という葡萄酒は新しくなったが、その葡萄酒を盛るべき著作権法という革袋は古いままである。求められるものは、新しい葡萄酒にふさわしい新しい革袋である。その仕様については表11・2(右欄)に記した。この新しい革袋こそ、第1章に示した著作権2・0ということになる。ここで問題となるのは、権利取得手順の欠如、つまり無方式主義、超長期にすぎる保護、そして公共性への配慮ということになるだろう。

話を『ルカによる福音書』にもどす。その『ルカによる福音書』は続けている。

古い葡萄酒を飲めば、だれも新しいものを欲しがらない。「古いものの方がよい」と言うのである。

だが、つぎのようにも説いている。

新しい葡萄酒は、新しい革袋に入れねばならない。

注

［1］当初の加盟国は、事務局経費の負担順に、フランス、ドイツ、英国、イタリア、スペイン、ベルギー、スイス、ハイチ、チュニジアであった。つまり、西欧中心であった。

第12章

著作権像の多様化

二一世紀初頭、著作権の像は分裂し多様化しつつある。これは法システムと技術システムとのあいだに均衡がとれないためである。この課題の解決にあたっては、歴史家の眼が欠かせないのかもしれない。

利害関係者の多様化

著作権法は誰のために設けられているのか。これを最後にもう一度確認しておこう。伝統的な著作権法には多様な利害関係者がかかわってきた。だが、著作権法がそれぞれの利害関係者とどのような形でかかわってきたのか、これを一覧するとその関係は単純であり、表12・1aのようになる。

表12・1aを見ると、著作権法は二つの二分法によって支えられていることがわかる。第一に、それは「遵法の人 対 反・遵法の人」という二分法により、前者を保護し、後者を制御する、という仕組みを設けている（言うまでもないが、同一人物が、ある場合には遵法の人になり、べつの場合には反・遵法の人になることもありうる。その判断は客観的な証拠によってなされなければならない）。

第二に、それは「著作権者 対 ユーザー」という二分法により、前者のみを保護し、後者を「私的使用」として制度の関心外に置いている（第2章）。つけくわえれば、ここでは著作権者すなわちエリート著作者あるいは専門事業者、ユーザーすなわちレイパーソン――非専

利害関係者		著作権法のかかわり
遵法の人	著作権者	権利者として保護
	ユーザー	放置
反・遵法の人	事業者	侵害者として制裁

表12・1a　著作権法の利害関係者（そもそも）

利害関係者			著作権法のかかわり
遵法の人	著作権者	伝統指向	権利者として保護
		ビジネス指向	法による保護＆自律型保護
		プロシューマ	自律型保護あるいは放置
	ユーザー	レイパーソン	放置
反・遵法の人	事業者		侵害者として制裁
	ユーザー（レイパーソン）		薄い制裁？

表12・1b　著作権法の利害関係者（現在、そして、これから）

門家――という理解が自明とされていた（くどいが、ここにいう著作権者とは、著作物の流通事業者まで含み、ユーザーとは末端の個人ユーザーを指している）。

デジタル技術やインターネットの普及は、表12・1aの図式を大幅に変えた。それは多様化し、表12・1bのようになった。この表はつぎのような事実を示している。第一に、著作権者が伝統指向型とビジネス指向型に分裂した。ビジネス指向型の著作権者は既存の著作権法のさらなる強化を望み、その不足分を自律的な保護手段――たとえば、デジタル権利管理技術（第6章）――によって補おうとしている。

第二に、ユーザーも分裂した。こ

こには単なるレイパーソンの他に、みずから著作物の生産、流通にかかわる個人がプロシューマとして出現した。プロシューマは既存の著作権法の緩和を望み、その具体的な運動を実現するために、自律的な保護手段——たとえば、オープンソース・ソフトウェアのライセンス（第9章）——を採用するようになった。したがって、同じく自律的な保護手段と言っても、ビジネス指向型の著作者のそれとプロシューマのそれとはベクトルの向きが正反対となっている。

第三に、レイパーソンであるユーザーの行為であっても、それを「私的使用」として放置できなくなった。かれらが高性能なコピー機器を日常的に使うようになったためである。したがって、そのようなユーザーに対しても何らかのコントロールをかけなければならなくなった。私的使用は空文化しつつある。くわえて、反・遵法のユーザーには薄い制裁をかけるようになった。

表12・1aと表12・1bとを比べると、本来の著作権法に見られた二分法が現代の著作権法においてはあいまいになっている。理由は簡単である。第一に、コピー技術が遵法の著作権者の手から離れ、あらゆる利害関係者——反・遵法の事業者、個人まで含めて——の手へと渡ってしまったこと、第二に、コピー技術がその両用性（第3章）を徹底して発揮するようになったこと、この二つがある。

著作権像の分裂

利害関係者の多様化は著作権像の分化、さらには分裂をもたらしている。それは、伝統指向型著作者のもつもの（いわゆる著作権像）、ビジネス指向型著作者のもつもの（強い著作権像）、プロシューマのもつもの（弱い著作権像）、この三つに分裂した。[1] これを表12・2として比べてみよう。表12・2の中身について詳しく述べることは、繰り返しにもなり、煩雑でもあるので、ここではしない。ただし、これまでの各章で示した課題が、上記のどの著作権像に対応するのか、それだけは確認しておきたい。

まず、第三部から入ろう。録音録画技術の章の論点は、「いわゆる著作権像」をめぐるものである。続くプログラムの章とデータベースの章の論点は、「強い著作権像」をめぐるものとなる。ただし、データベースの章の後半、ゲノム・データに関する部分の論点は、「弱い著作権像」にかかわる。続く電子ジャーナルの章の論点は、商用化の部分は「いわゆる著作権像」にかかわり、オープン化の部分は「弱い著作権像」にかかわる。

第四部に移る。ここでは超長期の保護期間、孤児著作物、公正使用が課題になっていた。どの課題も、第一義的には「いわゆる著作権像」対「強い著作権像」&「弱い著作権像」という対立関係をあらわにした。「強い著作権像」と「弱い著作権像」とが同じ立場をとるのは一見おかしく見えるが、その意味は「いわゆる著作権像」があまりにも頑丈であり、かつ硬直しており、このために「強い著作権像」も「弱い著作権像」もそれぞれの狙いの実現を

		いわゆる著作権像（著作権1.0）	強い著作権像（著作権1.0拡張版）	弱い著作権像（著作権2.0）
支持者	たとえば	芸術家、法律家など	コンテンツ事業者	プロシューマ
	駆動力	自己発現、収益	収益	自己発現
	目標	既得権益の拡張	新しい権利の導入	著作物の実質的公有
理念	イデオロギー	ロマン主義	市場原理主義	アナーキズム
	主張	オーサシップ（著作者の保護）	コピーライト（収益の分配）	コピーレフト（情報の共有）
制度の特性	国際的枠組み	ベルヌ条約	TRIPS	多様なデファクト標準
	規制の水準	法律	法律＆契約	慣行＆倫理
権利の特性	財産的な権利	必須	必須	関心外
	人格的な権利	必須	無視	重要
	制御の対象	コピー	コピー＆アクセス	オープンソース的慣行
著作物	たとえば	レコード	プログラム	オープン・ジャーナル
	物理的特性	非デジタル型	デジタル型	デジタル型
	社会的/経済的特性	文化財	商品	クラブ財、公共財

表12・2　三つの著作権像

阻まれているからである。

第一部にもどる。ここでは検索エンジン、ファイル交換技術、それに技術的制御手段が論点になった。ファイル交換技術と技術的制御手段については、その論点は「いわゆる著作権像」&「強い著作権像」対「弱い著作権像」という対立関係にあった。

検索エンジンにもどると、グーグルのブック・サーチは明らかに「弱い著作権像」のうえに立っている。これまでの企業は「いわゆる著作権像」か、あるいは「強い著作権像」のうえにその目標を置いて行動してきた。したがって、グーグルのこの試みはプロシューマの理念のうえにそのビジネス・モデルを設けたという点で画期的なものと言える。

まとめよう。第1章で「著作権1・0」「著作権2・0」という概念を紹介した。これをいま言った三種の著作権像に重ねれば、「いわゆる著作権像」は著作権1・0として、「強い著作権像」は著作権1・0の拡張版として、「弱い著作権像」は著作権2・0として、それぞれ位置づけることができるだろう。

グーグル・ブック・サーチ、再考

ここで改めてグーグル・ブック・サーチの意味を考えてみたい。現在、私たちのもっている知識であるが、それはローマ法、『神学大全』、ユークリッド幾何学、ニュートン力学、……、というように、何らかの体系をもっている。その知識体系は、教育や投資を同じくする専門家集団によって共有されており、それぞれの分野に固有の分類体系、階層性、シソーラスなどによって支えられている。これらを私たちはその分野の教科書によって理解してきた。

グーグル・ブック・サーチはこのような知識の体系を破壊してしまうだろう。[2] なぜならば、検索エンジンは、知識へのアクセスのモードを、冊子体単位――バッチ処理――からパラグラフ単位――トランザクション処理――へ、リニア――通読――からランダム――索引読みあるいは拾い読み――へと変えてしまうから。その結果として、知識の伝統的な体系は解体されてしまうだろう。同様の現象を私たちはすでに「ウィキペディア」において知っている。「ウィキペディア」は、中立的な観点、検証可能性、独自研究の排除、という方針にもとづいて構築されている。にもかかわらず、記事の安定性、均質性などに問題をかかえている。[3] その先には、ホルヘ・ルイス・ボルヘスの言う「バベルの図書館」があるかもしれない。そのバベルの図書館には誤植を含むあらゆるバージョンの書籍が集積されている。近未来に予想されるコンテンツのボーン・デジタル化――紙への記録の消滅――は、この傾向を加速するだろう。

ここに残るものは、互いにリンクづけられた断片的な情報の集積のみ、しかも、その断片的な情報はすでに過剰に存在している。このような断片的な情報に対しては、もはや著作権の保護は与えられないし、また過剰な情報に対して著作権の保護は必要ないであろう。

つけくわえれば、専門領域ごとに共有されるこれまでの知識は、その分野の誰か――出版社の編集者や学会の同僚――によって評価され、編集されるものであった。これが分散され管理なしの状態になる。既存の分類コードやシソーラスに無関心なユーザーが自分勝手にタグをつけるからである。このようなタグの集積を「フォークソノミー（folksonomy）」と呼ぶ。この言葉は「フォーク（folks〔人びと〕）」と「タクソノミー（taxonomy〔分類学〕）」とを合わせたものである。読者から見ると、既存の知識体系に基づく編集や評価が消えてしまう。読者に残されるものは、検索エンジンに頼る索引読みのみになる。

だが、そこに過剰な断片的な情報が存在するほど、しかも、それが体系的な枠組みを欠いたまま存在するほど、その編集者、その評価者の役割は増大するはずである。近未来の著作権法は、このような編集者、評価者に保護を与えるべきであろう。

もう一度、新しい葡萄酒――新しい著作物――と新しい革袋――新しい制度――との表を見てほしい（表11・1、表11・2）。グーグル・ブック・サーチはまさにこの新しい葡萄酒と新しい革袋を求めていることになる。この意味で、グーグル・ブック・サーチは予言的な存在である、と言ってもよい。

公共性とのかかわり

二〇一〇年一月、日本学術会議・社会学委員会は「世界のグーグル化と出版文化の公共性」というプログラムを含むシンポジウムを開催した。このプログラムの目論見は、グーグル・ブック・サーチを単に著作権レベルに還元して論じるのではなく、より広い視野のなかに置いて理解しよう、ということにあった。この意味では、現代の著作権問題を相対化して理解する試みとなった。

まず、長尾真さん（国立国会図書館）が基調講演においてつぎの指摘をおこなった。第一に、全世界の情報を収集し、これを体系化して全世界の人びとの利用に供するというグーグルの目標は高邁である。第二に、ただし、グーグルの行動は人類の知識の独占をもたらすだろう。第三に、全世界の情報の集積は永続的になされるべきであり、したがって、それは公的な事業でなければならない。第四に、出版文化と著作権法とは、それぞれの国の固有の文化、慣行のうえに作られているものであり、グーグルの行動は、これを一様化してしまうリスクをもっている。

最初の発言者は、出版人の龍澤武さん（東アジア出版人会議）であった。かれは出版の意義を問うことから始めた。第一に、この社会においては「理性の行使」——著作物の創作もその一つ——は「読書する公衆」のなかでなされ、その読書する公衆を支えるメディアが「書籍」である。(4) この意味で書籍は公的な存在であり、出版は公的な行為である。第二に、だが、書籍の出版にあたっては、著作権という私的権利に頼らざるをえない。第三に、この文脈で考えれば、グーグル・ブック・サーチに対する出版界の反応は、私的権利の取り合いにすぎない。第四に、書物の公共性は長いあいだ「読書する公衆」によって支えられてきたのであり、その回復が真の課題である。

第二の発言者は、私・名和であった。私に求められた役割は読者としてのそれであった。私は、自分のグーグル論を「古い革袋に新しい葡萄酒」（第11章）の文脈で語った。第一に、グーグルは既存の著作権法を実質的に迂回している。第二に、グーグルはその恣意的な情報サービス事業――たとえばページランク――を私企業という特権――表現の自由の享受――のもとに実現している（後述）。第三に、グーグルは私たちが共有してきた知識へのアクセス方法を変えるだろう。

最後に討論者として上野千鶴子さん（東京大学）が発言した。第一に、本の書き手はより多くの人に読んでもらいたいとねがっている。第二に、紙の本は、デジタル化の時代にあっては、伝統工芸品になりつつある。第三に、これからは出版という事業のなかで、その企画や編集の価値が増大する。第四に、「読書する公衆」のためには情報の公共財化が必要である。第五に、ここに図書館の役割がある。

討論のあと、私の考えたことをつけ加えたい。グーグルの強みはどこにあるのか。それは検索エンジンのもつアルゴリズム――例、ページランク――にあり、そのアルゴリズムはグーグルがユーザーの挙動から収集したリンク数、アクセス数などからデータ・マイニング的な手法によって導いたものである。[5] その原データはユーザー自身のあずかり知らないことではあるが、グーグルはそのデータを集積し、これをアルゴリズムに仕立てていることになる。このようなデータ・マイニング的な知識がグーグルの行動を公共的なものに見せかけている。

だが、グーグルはこのデータ・マイニング的な知識を企業内に秘匿し、これによってグーグルの市場における卓越性を確保している。グーグルの立場からすれば、この知識を知的財産として占有したいだろう。だが、現行の著作権法は、これを保護しないことになっている。著作権法はアルゴリズムを保護しない（第7章）。くわえて、額の汗――つまり投資――の保護も難しい（第8章）。だからか、グーグルはそのアルゴリズムを特許出願し、その出力に表現の自由を求めている。だが、もしここに公共性を求めるとすれば、私たちはそのアルゴリズムについて透明性を求めなければならない。(6)

ここで注を一つ。書籍には二つの利用モードがある。第一は、遊び的――あるいは時間消費的――なそれ、第二は、学術的なそれである。デジタル環境においては、前者は市場のなかで音楽ファイルやオンライン・ゲームなどと競合するものとなり、後者は市場の外に追いやられてクラブ財または公共財となる。同じ書籍に対しても、その場面に応じて違うモードでアクセスできる。以上の議論は、主として後者に関するものである。

法システム 対 技術システム

現在、著作権法は混乱している。それは法律と技術とが均衡していないためである。この

	法システム	技術システム
計画段階	公正＆予測可能性＆ 全体最適	ブレークスルー＆ 創造的破壊＆部分最適
実行段階	制裁による	インセンティブによる
評価段階	過誤あり あるいは 過誤なし （二分法）	第一種の過誤も第二種の 過誤も（不確実性あり）

表12・3　法システム 対 技術システム

均衡は可能なのか。最後にこれを確認しておこう。著者の見るところ、法律というシステムと技術というシステムとは、表12・3に示すように食い違っている。これが著作権法の分野であからさまになっている、ということだろう。

この二つのシステムを運用という視点で比べてみよう。まず、その計画段階ではどうか。法システムにおいては「公正」という原則がすべてに優先する。これを実現するためには、社会全体の最適化を目指さなければならない。くわえて、そのシステムは永続しなければならない。もし、ある時点でよしとされたものが後の時点で認められなければ、つまり予測可能性がなければ、その社会の秩序は維持できない。

いっぽう技術システムのほうはどうか。それは「ブレイクスルー」つまり「可能なことは実現する」という原則にのっとって運用される（第1章）。このために全体最適、予測可能性などという原則は、まったくの関心外となる。あるものは創造的破壊のみ、変化のみ、となる。

つぎに、実行段階ではどうか。法システムにおいては制裁という強制力によって秩序が維持される。だが、技術システムにおいては、インセンティブによる誘導があるのみ、ここに強制力はない。強制力がなければ規範もなし、秩序も崩れる。矛と盾の論理（第3章）によって両用技術がより発達するという構図になる。

最後に、評価段階においてはどうか。法システムにおいては評価尺度ははっきりと定義されている。それは「過誤あり」あるいは「過誤なし」のいずれかである。ここに不確実性のまぎれこむことはない。

いっぽう、技術システムにおいては、その評価に不確実性がついて回る。そこには、正しい結論を棄ててしまうリスク――第一種の過誤――もあり、誤った結論を認めてしまうリスク――第二種の過誤――もある。

このように、法システムと技術システムとは異なる形で運用されている。双方のあいだにどのような折り合いをつけるべきか。この点については、まだ、誰も直視しようとしていない。いわんや、誰もまだ答えを出していない。

だが、ここにその答えをあえて求めるための行動を起こしたものがいる。それがグーグルである。そのやり口はいかにも乱暴ではあるが。私は、このように思う。

求められる制度

グーグル以後の著作権制度――つまり著作権2・0――はどんな形になってほしいか。ここで私の期待を列挙しておこう。

第一に、オプトインの方式をオプトアウトの方式にする。

第二に、無方式主義を改め、登録した著作物のみに権利を与える。第一、第二の制度変更によって、著作権者に相応のコストを負担させる。

第三に、保護期間を短縮する。第一〜第三の制度変更によって、著作物のさらなる有効利用が図れるはずである。

第四に、著作物の編集、評価を保護する権利を設ける。ここを保護しなければ、紙の時代に集積された知識の総体、ボーン・デジタルの知識の総体を次世代に継承することは困難になるだろう。

第五に、補償金制度の再編成——拡張と組み替え——を図る。その使途は、第六の公正使用と第七の侵害者対策において生じる権利者の負担に当てる。

第六に、著作物の公正使用について、レトリックではなく、アルゴリズムを設ける。これにより、公正使用条項の透明性を高める。

第七に、侵害者への対応が不可欠である。だが、技術が両用化し、低価格化し、拡散したために、侵害者に制裁を与えることは極端に難しくなった。当面は、権利者が私的にこの対策を徹底して技術化、自動化することだろう。ここでの法律家の役割は、この私的な対策と表現の自由、個人データ保護との折り合いをつけることである。

＊

最後に先人の言葉を一つだけ引用しておこう。

著作権システムは大きい利点と大きい欠点とをもっている。それぞれがなんであるかを確認すること、また、その利点をできるだけ確保し、その欠点をできるだけ除去する手はずを作ること、それがわれわれの仕事である。(7)

これは一九世紀英国の政治家トマス・マコーリーの言葉である。つけくわえれば、マコーリーは歴史家でもあった。著作権問題の解決にあたっては、法学者や技術者に頼るだけではなく、歴史家の眼が必要なのかもしれない。

付録1　俳句——公正使用の日本モデル

日本には数千万人が参加する著作物の表現活動がある。それは「俳句」という表現活動である。大部分の参加者はその活動を営利的なものとしては意識していない。注目すべきは、その著作物の表現には類似するものも少なくないにもかかわらず、ここに紛争の生じることは稀であることにある。参加者には共有する公正使用的な感覚があるということなのだろう。

集団制作の先端モデル

俳句に関する著作権訴訟はごく稀である。まず、そのごく稀な例を紹介しよう。事件はある俳句誌をめぐって生じた。訴えたのは俳句の投稿者A、訴えられたのは選者Bと編集者Cであった。

まず投稿句を引用しよう（注、判決文に著作権を主張できない）。

波の爪砂をつまんで桜貝

井戸水からメロンの網目がたぐらるる
みのうえに蓑虫銀糸の雨も編め

これを選者のBはつぎのように添削し、Aの名前をつけて入選作とした。

砂浜に波が爪たて桜貝
井戸水からメロンの網がたぐらるる
蓑虫の蓑は銀糸の雨も編む

Aはこの添削に対して「著作者人格権」(第4章)を侵害された、ついては損害賠償をせよ、また名誉の回復措置もとれ、と異議を申し立てた。著作者人格権は、作者以外の人に、当の作品に「作者の意に反する変更、切除、その他の改変」を加えることを禁じている。Aは、上記の添削は「自分の意にそわない変更」だ、と主張したことになる。

BとCは反論した。上記の改変について、著作権法は「やむを得ないと認められる適法な改変はよし」と定めている。俳句の共同体のなかでは、添削という学習法が慣行として成立しており、添削は「適法な改変」にあたる。

法廷はBとCの言い分をよしとした(東京高等裁判所、平成一〇年)。法的な議論は省くが、裁判官は芸術の世界にみずからの論理を押し通すことを遠慮したことになる。ここまでが事実。

以下が私の感想。現行の著作権制度は芸術作品は孤高の天才によって作られ、読者はそれをただ享受するのみ、という枠組みによって支えられている(第11章)。

この枠組みのなかに俳句を置いてみるとどうなるのだろう。句会というものがある。[1] その句会はコミュニケーションの場でもあるようだ。とすれば、添削もそのコミュニケーションの一部、ということになるはず。

つまり、俳句は集団制作の芸術である、と見ることもできる。そのぶん、天才から読者へ、という伝統的な枠組みから外れる。現行の著作権制度からもはみ出すことになる。じつはコンピュータ・ソフトウェアの世界でも集団制作の運動が出現している。この眼で見ると、俳句は、案外、集団制作法の先端的モデルになるかもしれない。

孤児作品論

歳時記というものがある。手元にあるものは袖珍本《しゅうちんぼん》だが、それでも一〇〇〇ページはある。ページあたり一〇句以上はあるので、全部で軽く一万句は超える。余計なお節介と言われるかもしれないが編集作業はたいへんだろう。というのは、著作権法の建前からいけば、作品の掲載については、事前に作者から承諾を得ておくことが条件になるのだから。一万句についてその作者を探し、その許諾をとらなければならない（第1章）。

その著作権だが、これは作者の死後五〇年間は存続する。たとえば高浜虚子の著作権は二〇〇九年まで存続した。ところで、すべての俳人が大家である、というわけではない。俳句の世界は、たぶん、一方の端に業として俳句を制作する一握りの大家がおり、他方の端には余暇に俳句を制作する大勢の趣味人がいる、ということだろう。

無礼を顧みず言えば、大家であっても駄句はあり、駆け出しの趣味人であっても佳句はあるだろう。つまり、大家、駆け出しを問わずに、歳時記の例句として参照したい、という作品はあるはずだ。

ここで問題が生じる。たとえばの話だが、一〇年前に駆け出しの趣味人であった人の佳句を掲載したい、と編集者が考えたとしよう。作品は編集者の記憶に焼きついている。このときに、編集者は当の作者にアクセスできるだろうか。

その人が現在でもどこかの結社に入っていて活動を続けていればアクセスは簡単、問題はない。だが、当人が俳句の世界から立ち去ってしまって行方知れず、ということもありうる。かりに鬼籍に入ったことがわかったとしても権利は生きている。だが、その相続者が不明、ということはありうる。

ここで「孤児著作物」――作者にアクセスできない作品――という言葉を思い出してほしい（第10章）。行方知れずになった人の佳句は孤児著作物となり、それを出版することは、それがどんなによい作品であっても、絶望的に不可能となる。孤児著作物といえども、その出版にあたっては、作者の許諾を得なければならないので。

いや、私は著作権など主張しない、私の作品を使っていただけるのであれば、それは名誉なこと、どうぞ無断で、ご自由に。こう言う俳人もいるだろう。だが著作権法には無方式主義があった（第4章）。誰の作品に対しても著作権がついてしまう。ということで、著作権というもの、無名の俳人にとってはうっとうしいものとなる。

類句論

ここで、思考実験を一つ。

獺祭忌明治は遠くなりにけり
降る雪や明治は遠くなりにけり

言うまでもなく、「獺祭忌《だっさいき》」は志賀芥子《かいし》の、「降る雪や」は中村草田男《くさたお》の作品である。発表されたのは、たしかこの順である。その思考実験であるが、それは、もし「獺祭忌」の作者が「降る雪や」の作者に対して著作権侵害を訴えたらどうなるのかという「もし」を指す(2)。

話を進める前に、著作権法についてひと言。ここに二点の芸術作品があったとする。このどちらかが他のコピーではないのか、もしコピーだったとすれば、そのコピーは理にかなったものなのかどうか、その判断の尺度となる法律が著作権法である。つまり、著作権法は芸術の世界に土足で踏みこみ、その善し悪しを裁くお節介な法律である。

思考実験にもどる。「獺祭忌」と「降る雪や」とを比べてみよう。「五・七・五」の「七・五」の部分がまったく重なっている。ほぼ七割が同一である。訴訟の対象が小説や絵画であれば、裁判官はためらうことなく、七割の重複を著作権侵害と言い切るはずである。だが、どうだろう。この判断は俳人の気分や仕来りに反するのではないか。もともと俳句という芸術作品は、他の芸術作品と比べると、類似した作品、つまり類句を生じやすい。

まず「五・七・五」という形式上の制限がある。しかも「季語」を組み込む、「三段切れ」はダメ、「切れ字」は重ねない、などという縛りもある。このような制約のあれこれによって、語彙の組み合わせはおのずと定まる。語彙の組み合わせに限りがあれば、それは互いに似た表現になりやすい。類句の現れることは避けがたい。数理工学者の前川守は、俳句の語彙分析をしているが、一万句に一句は先行の作品と偶然同じ表現になる、と試算している。(3)

ここに奇特な裁判官がおり、俳人諸姉兄の慣行をよしと判断したとしよう。このときに裁判官は、同じ表現が全体の七割に及んでいても、それぞれ独立した作品であり著作権侵害ではない、という法理を参照していたはずである。だが、そんな法理はまだ編み出されていない。「獺祭忌」と「降る雪や」とはそれぞれ独立した作品である。こう、主張するために、じつは秘策がある。俳句作品は本来、著作権をもたない、著作権がなければ著作権の侵害も生じない、という論理を組み立ててしまうことだ。

著作権の世界に「ありふれた表現」という専門用語がある。誰が制作しても似てしまう、そんな表現を指す。もし、その作品が「ありふれた表現」にすぎなければ、そこに著作権は生じない。たとえば、本の題名、決まり文句、標語などの短いフレーズは「ありふれた表現」とされる。この見方を通せば、俳句作品も短いフレーズである。類句も多い。「ありふれた表現」とみなすこともできるかもしれない。

「ありふれた表現」であれば、著作権なし、その侵害もなし。これが先に言った秘策である。だが、どうか。日頃、苦吟している俳人諸姉兄は、俳句作品を「ありふれた表現」とする論理にただちに反発するのでは。

ということで、俳句を著作権法の側から扱うと、奇妙な結論が生まれる。まず、俳句に著作権を認めると、多くの類句に対して侵害ありと判定してしまうリスクが生じる。といって、侵害なしと言うためには、俳句は単純すぎるので著作権なし、と判断しなければならない。いずれにせよ、著作権法は俳句と相性が悪い。

すでに、俳人の諸姉兄は著作権法に対して違和感をもっているはずである。だからか、著作権法を敬して遠ざけているかに見える。すでに示したように、俳句についての著作権訴訟はごくわずかである。推察するに、俳人諸姉兄のあいだには自律的な規範が働き、これで盗作などを抑えているのだろう。法律に頼る必要などさらさらない、ということか。

このところ、芸術分野でも著作権を言挙げして訴訟を起こす例が増えてきた。こうした風潮のなかで、自律的な規範を通そうとなさっている俳人諸姉兄に、私は敬意を表する。ここに公正使用（第10章）の日本型モデルがある、と言ってもよいだろう。

付録2　読書案内

ここで著作権にかかわる基本的な図書を紹介しよう。専門家用ということではなく、企業人にも学生にも市井の読書人にも役立つという視点で。

A　まず、教科書がある。

①斉藤博『著作権法』有斐閣、二〇〇七年。
②中山信弘『著作権法』有斐閣、二〇〇七年。

①は正統派の著書、②は懐疑派の著書、と言ってよい。②には「著作権の憂鬱」という序論がついている。専門家のなかにも、このような意見があることに注意。

B　つぎに、著作権法の位置づけに関する本を読んでおきたい。

③林紘一郎『情報メディア法』東京大学出版会、二〇〇五年。

およそ著作権法の本は、著作権のことしか書かない。だが、一般の読者にとっては、著作権法が、情報に関する法律群——表現の自由、プライバシー保護、通信制度——のなかでどんな位置を占めているのか、これが知りたいところ。③はこの点について丁寧に示してくれる。

C　著作権法の歴史についても理解しておきたい。

④白田秀彰『コピーライトの史的展開』信山社、一九九八年。
⑤Gillian Davis, *Copyright and the Public Interest*, Sweet & Maxwell, 2002.

④は力作、そして定番。⑤は社会環境との相互作用のなかで、各国の著作権法について、その制度史が緩急自在の筆致で示されている。書きぶりがすがすがしい。

D　著作権法と技術との関係についての文献は少なくない。

⑥米国議会技術評価局『電子・情報時代の知的所有権』日本電子工業振興協会訳、日経マグロウヒル、一九八七年（原著一九八六年）。

⑦米国議会技術評価局『ソフトウェアと知的財産権』ソフトウェア情報センター訳、日本評論社、一九九三年（原著一九九二年）。

⑧ローレンス・レッシグ『ＣＯＤＥ』山形浩生＆柏木亮二訳、翔泳社、二〇〇一年（原著一九九九年）。

⑨デジタル著作権を考える会著＆牧野二郎編『デジタル著作権』ソフトバンク、二〇〇二年。

米国議会技術評価局――現在は存在しない――の報告は、新しい技術的な課題が生じるたびに、それを周到に論じている。このうち日本語の翻訳のある著作権関連のものは⑥と⑦の二点である。⑧は眼から鱗といった意見を示している。また⑨は小冊子ではあるが、目配りがよい。

Ｅ　著作権制度と経済学との関係については最近、多くの研究者が関心を示すようになった。

⑩William M. Landes & Richard A. Posner, *The Economic Structure of Intellectual Property Law*,

Harvard University Press, 2003.
⑪林紘一郎編著『著作権の法と経済』勁草書房、二〇〇四年。
⑫田中辰雄&林紘一郎編著『著作権保護期間』勁草書房、二〇〇八年。
いずれも記述が具体的で——事例研究的で——理解しやすい。

F　著作権の世界における新しい流れはオープン化のそれである。
⑬クリス・ディボナほか編著『オープンソースソフトウェア』倉骨彰訳、オライリー・ジャパン、一九九九年（原著一九九九年）。
⑭ローレンス・レッシグほか著&クリエイティブ・コモンズ・ジャパン編『クリエイティブ・コモンズ』NTT出版、二〇〇五年。
⑮新宅純二郎&柳川範之編『フリーコピーの経済学』日本経済新聞出版社、二〇〇八年。
⑬⑭は制度論、⑮はタイトルが示すようにビジネス論。

G　最近、著作権制度のリフォーム論が出版されるようになった。

⑯椙山敬士『著作権論』日本評論社、二〇〇九年。
⑰福井健策『著作権の世紀』集英社新書、二〇一〇年。
⑯は礼儀のよいリフォーム論、⑰はきびきびしたリフォーム論。いずれも現実をよく知る弁護士の著書。

H　議論は具体的な資料に基づいてなされなければならない。
⑱著作権法百年史編集委員会編著『著作権法百年史』著作権情報センター、二〇〇〇年。
⑲世界知的所有権機関『ＷＩＰＯが管理する著作権及び隣接権諸条約の解説並びに著作権及び隣接権用語解説』大山幸房ほか訳、著作権情報センター、二〇〇七年（原著二〇〇三年）。

I　変化の激しい著作権問題については、ジャーナルの役割は大きい。
⑳著作権情報センター編・発行『コピライト』。

㉑知的財産研究所編・発行『知財研フォーラム』。
㉒北海道大学情報法政策学研究センター編・発行『知的財産法政策学研究』。
⑳は正統派のジャーナル、㉑はビジネス指向派のジャーナル、㉒は百家争鳴的な、かつ国際的なジャーナル。

J　最後に私・名和の著者を紹介させてもらう。

㉓名和小太郎『電子仕掛けの神』勁草書房、一九八六年。
㉔名和小太郎『サイバースペースの著作権』中公新書、一九九六年。
㉕名和小太郎『デジタル・ミレニアムの到来』丸善ライブラリー、一九九九年。
㉖名和小太郎『変わりゆく情報基盤』関西大学出版部、二〇〇〇年。
㉗名和小太郎『学術情報と知的所有権』東京大学出版会、二〇〇二年（大川出版賞）。
㉘名和小太郎『ディジタル著作権』みすず書房、二〇〇四年。
㉙名和小太郎＆山本順一編『図書館と著作権』日本図書館協会、二〇〇五年。
㉚名和小太郎『情報の私有・共有・公有』NTT出版、二〇〇六年（日本社会情報学会優秀文献賞）。

㉛林紘一郎＆名和小太郎『引用する極意　引用される極意』勁草書房、二〇〇九年。

㉓と㉕と㉖は③の林と似た試みを、レイパーソンとしておこなったものである。時代はすっかり変わってしまったが。㉔は⑧と同工異曲の本である。私は法律に疎いので、レッシグの本ほど颯爽としたものではない。㉗と㉙は著作権と公共的な情報とのかかわりを示したものである。この意味では稀少価値があると思う。㉛は㉗に関するマニュアル。㉚は本書の姉妹篇、そして㉘は本書の基礎論になる。

第1章

（1）城所岩生「グーグル書籍デジタル化訴訟の和解」『新聞研究』六九五号、二〇〇九年、六八－七一頁。
（2）名和小太郎「グーグルが作る〝著作権2・0〟の衝撃」『エコノミスト』八七巻三三号、二〇〇九年、五〇－五三頁。
（3）著作権情報センター著作権契約法委員会『著作権契約法現行コード』著作権情報センター、二〇一〇年、二四－三五頁。
（4）酒井剛「近代デジタルライブラリー事業における明治期刊行図書の著作権処理」奈良先端科学技術大学院大学電子図書館学講座、<http://library.naist.jp/mylimedio/dllimedio/show.cgi?bookid=103085>、二〇〇七年。
（5）Jennifer Suzanne Bresson Bisk, “Book Search is Beautiful?,” *Albany Law Journal of Science & Technology*, vol. 17, 2007, pp. 271-310.
（6）Oren Bracha, “Standing Copyright Law on Its Head?,” *Texas Law Review*, vol. 85, 2007, pp. 1799-1869.
（7）Steven Hetcher, “The Half-Fairness of Google’s Plan to Make the World’s Collection of Books Searchable,” *Michigan Telecommunications and Technology Law Review*, vol. 13, no. 1, 2006, pp. 1-76.
（8）Emily Anne Proskine, “Google’s Technicolor Dreamcoat,” *Berkeley Technology Law Lournal*, vol. 21, 2006, pp. 213-238.
（9）John Perry Barlow, “A Declaration of the Independence of Cyberspace,” <https://projects.eff.org/~barlow/

Declaration-Final.html>, 1996.
（10）ローレンス・レッシグ『CODE』山形浩生&柏木亮二訳、翔泳社、二〇〇一年（原著一九九九年）、三－一〇七頁。

第2章

（1）ジョセフ・メン『ナップスター狂騒曲』合原弘子ほか訳、ソフトバンククリエイティブ、二〇〇三年、passim。
（2）大谷卓史『アウト・オブ・コントロール』岩波書店、二〇〇八年、二－四七頁。
（3）John Perry Barlow, "A Declaration of the Independence of Cyberspace," <https://projects.eff.org/~barlow/Declaration-Final.html>, 1996.
（4）平野晋&牧野和夫『判例 国際インターネット法』プロスパー出版、一九九八年、五三－一〇四頁。
（5）山口いつ子「ユビキタス時代における〝サイバー法〟概念の展開」、ダニエル・フット&長谷部恭男編『メディアと制度』東京大学出版会、二〇〇五年、一一三－一三九頁。
（6）David G. Post, "Anarchy, State and the Internet," *Journal of Online Law*, art. 3, 1995.
（7）Frank H. Easterbrook, "Cyberspace and the Law of the Horse," *University of Chicago Legal Forum*, vol. 1996, 1996, pp. 207-216.http://library.naist.jp/mylimedio/dllimedio/show.cgi?bookid=103085
（8）Lawrence Lessig, "The Law of the Horse: What Cyberlaw might Teach," *Harvard Law Review*, vol. 113, 1999, pp. 501-549.
（9）名和小太郎「Internetをめぐる制度的課題」『法とコンピュータ』一二号、一九九四年、七五－八二頁。
（10）作花文雄「非中央管理型P2Pソフト提供者の間接侵害責任」『コピライト』五三五号、二〇〇五年、二一－三二頁。
（11）Michael Geist, "Cyberlaw 2.0," *Boston College Law Review*, vol. 44, 2003, pp. 323-358.

(12) Branislav Hazucha「他人の著作権侵害を助ける技術に対する規律のあり方」田村善之ほか訳、『知的財産法政策学研究』二四号、二〇〇九年、二五－九六頁。

(13) ホセ・オルテガ・イ・ガセット『大衆の反逆』桑名一博訳、白水社、一九七五年（原著一九二九年）、二四五－二四八頁。

(14) 矢野直明『サイバーリテラシー概論』知泉書館、二〇〇七年、passim。

第3章

(1) Branislav Hazucha「他人の著作権侵害を助ける技術に対する規律のあり方」田村善之ほか訳、『知的財産法政策学研究』二四号、二〇〇九年、二五－九六頁。

(2) E・L・アイゼンステイン『印刷革命』別宮貞徳訳、みすず書房、一九八七年（原著一九八三年）、一五七－一九九頁。

(3) 土井輝生『著作権の保護と管理』同文館、一九八五年、四三－六三頁。

(4) 名和小太郎『サイバースペースの著作権』中公新書、一九九六年、一一七－一三九頁。

(5) 名和小太郎『イノベーション　悪意なき嘘』岩波書店、二〇〇七年、七七－九三頁。

(6) 文化庁著作権法令研究会＆通商産業省知的財産政策室編『著作権法・不正競争防止法改正解説』有斐閣、一九九九年、passim。

(7) 名和小太郎『情報の私有・共有・公有』ＮＴＴ出版、二〇〇六年、六九－七四頁。

(8) Edward W. Felten, "A Skeptical View of DRM and Fair Use," *Communications of the ACM*, vol. 46. no. 4, 2003, pp. 56-61.

(9) Matthew D. Lawless, "Against Search Engine Volition," *Albany Law Journal of Science & Technology*, vol. 18, 2008, pp. 205-227.

(10) 名和小太郎「ＶＲ社会論」、日本バーチャルリアリティ学会編『バーチャルリアリティ学』工業調査会、二〇一〇年、三四二－三四八頁。

（11）リチャード・ドーキンス『利己的な遺伝子（増補新装版）』日高敏隆ほか訳、紀伊國屋書店、二〇〇六年（原著二〇〇六年）、二九一－三一一、四九四－五〇六頁。

第4章
（1）名和小太郎『ディジタル著作権』みすず書房、二〇〇四年、七二－八九頁。
（2）著作権情報センター著作権契約法委員会『著作権契約法現行コード』著作権情報センター、二〇一〇年、passim。
（3）加藤周一「科学と文学」『加藤周一著作集16　科学技術時代の文学』平凡社、一九九六年、五一－一四〇頁。

第5章
（1）世界知的所有権機関『文学的及び美術的著作物の保護に関するベルヌ条約逐条解説』黒川徳太郎訳、著作権資料協会、一九七九年（原著一九七八年）、passim。
（2）高倉成男『知的財産法制と国際政策』有斐閣、二〇〇一年、一五一－一八三頁。
（3）世界知的所有権機関『WIPOが管理する著作権及び隣接権条約の解説並びに著作権及び隣接権用語解説』大山幸房ほか訳、著作権情報センター、二〇〇七年（原著二〇〇三年）、passim。
（4）米国議会技術評価局『電子・情報時代の知的所有権』日本電子工業振興協会訳、日経マグロウヒル社、一九八七年（原著一九八六年）、八七－一〇四頁。

第6章
（1）半田正夫「著作物の私的複製（録音・録画）と西独方式」『ジュリスト』六九二号、一九七九年、七〇－七五頁。
（2）ジャック・アタリ『音楽／貨幣／雑音』金塚貞文訳、みすず書房、一九八五年（原著一九七七年)、一四五―一六二頁。
(3) Office of Technology Assessment "Copyright and Home Copying," OTA-CIT 422, U.S. Government Printing Office, 1989, passim.
(4) クリス・アンダーソン『フリー』高橋則明訳、日本放送出版協会、二〇〇九年(原著二〇〇九年)、一八〇―二一五頁。
(5) 新宅純二郎ほか編『フリーコピーの経済学』日本経済新聞出版社、二〇〇八年、一九三―二三二頁。
(6) 名和小太郎『情報の私有・共有・公有』NTT出版、二〇〇六年、二四一―二六二頁。

第7章

(1) Peter Naur & Brian Randell (ed.), "Software Engineering" in *Report on a Conference for NATO Science Committee*, 1969, p. 231ff.
(2) National Commission on New Technological Use of Copyrighted Works, "Final Report," Library of Congress, 1979, pp. 9-46.
(3) ヴァルター・ベンヤミン『複製技術時代における芸術作品』高木久雄ほか訳、晶文社、一九七〇年(原著一九三五/六年)、七―五九頁。
(4) 紋谷暢男「WIPOのコンピュータ・ソフトウェアの保護モデル条項」『ジュリスト』七八四号、一九八三年、二七―三七頁。
(5) 名和小太郎「円周率の使用料」『情報管理』五〇号、二〇〇七年、四七―四八頁。
(6) Henri Hanneman『コンピュータソフトウェアの特許適格性』ソフトウェア技術者協会&ソフトウェア法的保護分科会訳、日刊工業新聞社、一九九三年(原著一九八五年)、三七―一六六頁。
(7) 中山信弘『ソフトウェアの法的保護(新版)』有斐閣、一九八八年、passim。
(8) 岡田克也「プログラム保護のための新規立法の必要性について」『法とコンピュータ』二号、一九八四年、四七―五一頁。

（9）木村豊「著作権法によるソフトウェア保護の妥当性について」『法とコンピュータ』二号、一九八四年、五一－五四頁。

第8章

（1）名和小太郎『サイバースペースの著作権』中公新書、一九九六年、六二－七三頁。
（2）吉田正夫「データベースの法的保護の最新動向」、科学技術振興事業団科学技術情報事業本部編『情報社会の知的所有権』科学技術振興事業団、一九九八年、七八－八三頁。
（3）佐藤恵太「解説／アメリカ合衆国議会におけるデータベース保護法案審議の現状（1997年）」『コピライト』四四四号、一九九八年、四二－四七頁。
（4）苗村憲司「データベースの法的保護と学術利用」『法とコンピュータ』一七号、一九九九年、一九－二九頁。
（5）National Academy of Science et al., "Letters to Secretary of Commerce (October 9, 1996)," in James Love "A Primer On The Proposed WIPO Treaty On Database Extraction Rights That Will Be Considered In December 1996" <http://www.cptech.org/ip/cpt-dbcom.html>, October 29, 1996; revised November 10, 1996.
（6）AAAS, "Letters to Vice President (November 25, 1996)," <http://www.public-domain.org/database/asss.html>, accessed February 25, 1996.
（7）Ray Wall, "Proposed WIPO Protocol – Aslib Response," in *Managing Information*, vol. 3, no. 12, 1996, pp. 24-25.
（8）National Research Council et al., *Bits of Power*, National Academy Press, 1997, pp. 132-171.
（9）日本学術会議「声明　データベースに関して提案されている独自の権利についての見解」二〇〇一年。
（10）名和小太郎『ゲノム情報はだれのものか』岩波書店、二〇〇二年、四五－八一頁。
（11）Declan Butler, "US/UK Statement on Genome Data Prompts Debate on 'Free Access'," *Nature*, vol. 404, no.

6776, pp. 324-325, 2000.
(12) Eliot Marshall, "Bermuda Rules," *Science*, vol. 291, no. 5507, 2001, p. 1192.
(13) Eliot Marshall, "Celera and Science Spell Out Data Access Provisions," *Science*, vol. 291, no. 5507, 2001, p. 1191.

第9章

(1) 名和小太郎『学術情報と知的所有権』東京大学出版会、二〇〇二年、passim。
(2) 林紘一郎&名和小太郎『引用する極意　引用される極意』勁草書房、二〇〇九年、一二三－二〇八頁。
(3) 山崎茂明『パブリッシュ・オア・ペリッシュ』みすず書房、二〇〇七年、一一－一七頁。
(4) 土屋俊「学術情報流通の最新の動向」『現代の図書館』四二巻一号、二〇〇四年、三－三〇頁。
(5) 倉田敬子編『電子メディアは研究を変えるのか』勁草書房、二〇〇〇年、一三九－一七一頁。
(6) 加藤信哉「総論：電子ジャーナルの現状」『情報の科学と技術』五五巻六号、二〇〇五年、二四二－二四七頁。
(7) 林和弘「理工医学系電子ジャーナルの動向」『科学技術動向』七一号、二〇〇七年、一七－二九頁。
(8) 時実象一「オープン・アクセス運動の歴史と電子論文リポジトリ」『情報の科学と技術』五五巻一〇号、二〇〇五年、四二一－四二七頁。
(9) 名和小太郎『情報の私有・共有・公有』NTT出版、二〇〇六年、一五五－一七六頁。
(10) クリエイティブ・コモンズ・ジャパン編『クリエイティブ・コモンズ』NTT出版、二〇〇五年、passim。
(11) リチャード・ストールマン『Think GNU』引地信之ほか訳、ビレッジ・センター、一九九三年、二一五－二九一頁。

(12) クリス・ディボナほか編著『オープンソースソフトウェア』倉骨彰訳、オライリー・ジャパン、一九九九年、passim。
(13) アンドリュー・リー『ウィキペディア・レボリューション』千葉敏生訳、早川書房、二〇〇九年、一三〇―一六五頁。
(14) Emerson W. Pugh, *Building IBM*, MIT Press, 1995, pp. 186-188.

第10章

(1) 白田秀彰『コピーライトの史的展開』信山社出版、一九九八年、一二九―一五二頁。
(2) 酒井麻千子「ＥＵ・アメリカはなぜ保護期間を延長したか」、田中辰雄&林紘一郎編著『著作権保護期間』勁草書房、二〇〇八年、一六〇―一八七頁。
(3) 尾島明「著作権の保護期間延長と合衆国憲法」『知財研フォーラム』五三巻、二〇〇三年、二一一〇頁。
(4) 山本隆司「米国ソニー・ボノ法違憲訴訟の連邦最高裁判決」『コピライト』五〇三号、二〇〇三年、三五―三九頁。
(5) William M. Landes & Richard A. Posner, *The Economic Structure of Intellectual Property Law*, Harvard University Press, 2003, pp. 210-253.
(6) 紋谷暢男編『ＪＡＳＲＡＣ概論』日本評論社、二〇〇九年、passim。
(7) 学術著作権協会「ＷＥＢ複写許諾システム」<http://copyright.jaacc.jp/>。
(8) 名和小太郎「孤児になった著作物」『情報管理』四八巻一二号、二〇〇六年、七四三―七四四頁。
(9) U.S. Copyright Office, "Report on Orphan Works," <http://www.copyright.gov/orphan/orphan-report.pdf>, 2006.
(10) 中山信弘「著作権法改正の潮流」『コピライト』五七八号、二〇〇九年、二―一六頁。
(11) 土井輝生『著作権の保護と管理』同文舘、一九八五年、四三―六三頁。

(12) 名和小太郎『サイバースペースの著作権』中公新書、一九九六年、一〇二−一〇九頁。

(13) Barton Beebe「米国著作権法フェアユース判決（1978−2005年）の実証的研究（1・2）」城所岩生訳、『知的財産法政策学研究』二一号、二〇〇八年、一一七−一六九頁；二二号、二〇〇九年、一六三−一九九頁。

(14) William F. Patry & Richard A. Posner, "Fair Use and Statutory Reform in the Wake of Eldred," *California Law Review*, vol. 92, 2004, pp. 1639-1661.

(15) Joshua O. Mausner, "Copyright Orphan Works," *Journal of Technology Law & Policy*, vol. 12, 2007, pp. 395-425.

(16) Pamela Samuelson, "Will the Copyright Office Be Obsolete in the Twenty-First Century," *Cardozo Arts & Entertainment Law Journal*, vol. 13, 1994, pp. 55ff.

(17) 森亮一「ソフトウェア流通の新しい展開」『電子工業月報』三八巻一〇号、一九九二年、三五頁以下。

(18) T. H. Nelson, "Xanadu," *Information Service & Use*, vol. 14, no. 4, 1994, pp. 255-265.

(19) 名和小太郎『サイバースペースの著作権』中公新書、一九九六年、一五七−一七〇頁。

(20) ローレンス・レッシグ『CODE』山形浩生&柏木亮二訳、翔泳社、二〇〇一年（原著一九九九年）、三一−一〇七頁。

(21) 城所岩生「著作物の複製・再利用を広く認める〝フェアユース〟規定を導入せよ」『エコノミスト』八六巻五〇号、二〇〇九年、八〇−八三頁。

(22) 椙山敬士『著作権論』日本評論社、二〇〇九年、七〇−八六頁。

(23) 福井健策「情報世界の覇権と著作権の戦略」『コピライト』五八五号、二〇一〇年、二−二〇頁。

(24) Pamela Samuelson, "Fixing Copyright: Preliminary Thoughts on Copyright Reform," *Utah Law Review*, no. 3, 2007, pp. 551-571.

第11章
（1）『ベルヌ条約創設会議の記録』塚越健太郎訳、著作権情報センター、一九九五年（原著一八八四－一八八六）、passim。
（2）R・エンゲルジング『文盲と読書の社会史』中川勇治訳、思索社、一九八五年（原著一九七三年）、二〇七－二一四頁。
（3）エリク・ド・グロリエ『書物の歴史』大塚幸男訳、白水社、一九五五年（原著一九五四年）、一〇八－一四六頁。
（4）情報通信政策研究所『ブログの実態に関する調査研究』<http://www.soumu.go.jp/iicp/chousakenkyu/seika/houkoku.html>、二〇〇九年、一〇－三七頁。
（5）Pingdom, "Internet 2009 in Numbers," <http://royal.pingdom.com/2010/01/22/internet-2009-in-numbers/>, 2010.
（6）総務省『平成21年「通信利用動向調査」の結果』、<http://www.soumu.go.jp/johotsusintokei/statistics/statistics05a.html>、二〇一〇年。
（7）情報通信政策研究所『メディア・ソフトの制作及び流通の実態に関する調査研究』<http://www.soumu.go.jp/iicp/chousakenkyu/seika/houkoku.html>、二〇〇九年、八－四八頁。
（8）情報サービス産業協会編『情報サービス産業白書２００９』日経ＢＰ社、二〇〇九年、五二－五五頁。
（9）インターネット協会『インターネット白書２００８』インプレスＲ＆Ｄ、二〇〇八年、五〇－五三頁。
第12章
（1）名和小太郎『ディジタル著作権』みすず書房、二〇〇四年、二三〇－二三七頁。
（2）名和小太郎「グーグル・ブック・サーチ、あるいはバベルの図書館」『情報管理』五三巻三号、二〇一〇年、一三一–一三九頁。

（3）木村忠正「ウィキペディアと日本社会」、ピエール・アスリーヌほか『ウィキペディア革命』佐々木勉訳、岩波書店、二〇〇八年（原著二〇〇七年）、一一八–一五八頁。

（4）カント『啓蒙とは何か』篠田英雄訳、岩波書店、一九七四年（原著一七八四年）、七–二〇頁。

（5）牧野二郎「検索エンジンの限界と偏向を克服するための機能分離について」『情報通信学会誌』二六巻四号、二〇〇九年、一–一六頁。

（6）名和小太郎「法律から技術標準へ」『科学』七八巻九号、二〇〇八年、九九八–九九九頁。

（7）Gillan Davis, *Copyright and the Public Interest*, Sweet & Maxwell, 2002, p. 3.

付録1

（1）小林恭二『俳句という遊び』岩波新書、一九九一年、passim。

（2）椙山敬士『ソフトウェアの著作権・特許権』日本評論社、一九九九年、一–八頁。

（3）前川守『文章を科学する』岩波書店、一九九五年、一〇二–一〇七頁。

索引

英数

47氏　20
AAAS → 米国科学振興協会
A&Mレコード　20
ACM → 計算機学会
AHRA → オーディオ・ホーム・レコーディング法
ARL → 北米研究図書館協会
arXiv → アーカイブ
Aslib → 情報管理協会
AT&T　128
BOAI → ブダペスト・オープン・アクセス・イニシアティブ
CC → クリエイティブ・コモンズ
CONTU　116
CRS → 議会研究サービス局
CTEA → 著作権保護期間延長法
DMCA → デジタル・ミレニアム著作権法
DOI（Digital Object Identifier）　107, 161
DRM（Digital Rights Management）→ デジタル権利管理
EC委員会　113
GEMA → 音楽演奏権・機械的複製権協会
GNU一般公有使用許諾　163
GNU宣言　162
GNUフリー・ドキュメント使用許諾　164
HGP → ヒト・ゲノム計画
ICSU → 国際科学会議
IFLA → 国際図書館連盟
ISBN（International Standard Book Number）　107
iTunesストア　106
JASRAC　95, 129, 178
Lプロジェクト → ライブラリ・プロジェクト
NAE → 全米工学アカデミー
NAS → 全米科学アカデミー
NATO科学委員会　115
NIH → 国立衛生研究所
NMA → 全米医学協会
NRC → 全米研究審議会
OECD → 経済協力開発機構
PLoS → 科学公共図書館
PTO → 米国特許商標庁
Pプログラム → パートナー・プログラム
RIAA → 米国レコード産業協会
SC → サイエンス・コモンズ
SDMI　50
SDMI基金 → セキュア・デジタル・ミュージック・イニシアティブ・ファンデーション
SHARE　164
SPARC → 学術出版・研究資源連合
TRIPS → 知的所有権の貿易関連の側面に関する協定
UGC（User-Generated Content）　205
WCT → WIPO著作権条約
WIPO → 世界知的所有権機関
WIPO実演及びレコード条約（WPPT）　83, 89, 90
WIPO著作権条約（WCT、著作権に関する世界知的所有権機関条約）　2, 9, 83, 87, 90, 183

WTO → 世界貿易機関
WPPT → WIPO実演及びレコード条約
ZPU → 私的複製権センター

ア

アーカイブ(arXiv)　154
アタリ、ジャック　103
アップル　106
『アナーキー、国家、ユートピア』　22
アマゾン　5, 106
ありふれた表現　68, 233
イースターブルック、フランク　23
一定の期間　168, 170
いわゆる著作権像　215
ウィキペディア　164, 218
ウィットフォード委員会　113
ウィニー　20, 25, 44, 48
上野千鶴子　221
ウェールズ、ジミー　164
薄い著作権　180
エルゼビア(・サイエンス)　141, 142, 153, 157, 161
エルドリッチ・プレス　169
エルドレッド、エリック　169, 173, 179
「オー・プリティ・ウーマン」　185
オーサシップ　73, 83, 216
オーディオ・ホーム・レコーディング法(AHRA)　104
オービソン、ロイ　185
オプトアウト　6, 10, 12, 18, 193, 225
オプトイン　7, 8, 9, 10, 12, 176, 193, 204, 225
オープンソース　34, 159, 164, 175, 177, 214, 216
オルテガ・イ・ガセット、ホセ　35
音楽演奏権・機械的複製権協会(GEMA)　97, 99

カ

ガイスト、マイケル　33
海賊党　35
科学公共図書館(PLoS)　156
学術出版・研究資源連合(SPARC)　155, 156
学術著作権協会　178
ガーシュイン、ジョージ　172
ガット(関税および貿易に関する一般協定)　85
加藤周一　79
加戸守行　27
議会研究サービス局(CRS)　173
機関リポジトリ　157
技術的制御手段　45, 48, 52, 217
技術評価局　88, 113
許諾権　8, 72, 101, 102, 106, 193
ギンスバーグ、ポール　154
グーグル　4, 6, 10, 12, 13, 15, 16, 18, 52, 55, 108, 148, 161, 217, 219, 224
グヌーテラ　24, 31
クリエイティブ・コモンズ(CC)　159, 164
クリントン、ビル　146
グロクスター　31
クロスレフ　160
経済協力開発機構(OECD)　158
計算機学会(ACM)　51
検索エンジン　11, 18, 52, 54, 56, 175, 217, 218, 221
言論の自由　51
ゴア、アル　144
公正使用　13, 18, 27, 42, 159, 171, 178, 180, 181, 184, 187, 188, 195, 215, 225, 227
国際科学会議(ICSU)　144
国際図書館連盟(IFLA)　159
国際文芸協会　202
国立衛生研究所(NIH)　146, 158
国立国会図書館　11, 178

孤児著作物　11, 12, 173, 179, 188, 215, 230
『孤児著作物に関する報告』　179
コピー・ワンス　47
コピーライト　69, 216
コピーライト・ヘイブン　82
コピーレフト　163, 216
『コミュニケーション・オブ・ザ・ACM』　51
コンピュータ・ソフトウェア保護モデル条項　113, 119

サ

『サイエンス』　145
サイエンス・コモンズ(SC)　159
サイト・ライセンス　155
『サイバースペース独立宣言』　16, 21, 34, 37
作家ギルド　6, 7, 15
ザナドゥ　192
サミュエルソン、パメラ　190, 196
産業構造審議会　113, 126
三振ルール　33
志賀芥子　231
自己アーカイビング　157
市場の失敗　94, 96, 189
私的使用　26, 27, 96, 98, 99, 102, 193, 212
私的複製権センター(ZPU)　100
自動的な複製過程　53
シュトラウス、リヒャルト　173
使用許諾契約　191
情報管理協会(Aslib)　144
情報通信政策研究所　205
抒情詩モデル　66, 177
ジョンソン、サミュエル　172
シリアル・クライシス　153, 155
スティーブンズ、ジョン　171
ストールマン、リチャード・M　162
世界知的所有権機関(WIPO)　9, 74, 84, 113, 119, 142
世界貿易機関(WTO)　85, 148
セキュア・デジタル・ミュージック・イニシアティブ・ファンデーション(SDMI基金)　50
セレラ・ジェノミクス(セレラ)　146
全米医学協会(NMA)　143
全米科学アカデミー(NAS)　143
全米研究審議会(NRC)　145
全米工学アカデミー(NAE)　143
全米出版社協会　6, 7
総務省　206
ソシュール、フェルディナン・ド　68
ソニー(米国ソニー)　42, 54, 184, 186
ソフトウェア工学　115
ソロス、ジョージ　156

タ

第一種の過誤　175, 223, 224
『第三の波』　205
『大衆の反逆』　35
第二種の過誤　176, 223, 224
高浜虚子　230
ダビング10　47
田村善之　72
ダン&ブラッドストリート　142
知的財産基本法　194
知的財産推進計画　18, 195
知的財産戦略本部　183
知的所有権の貿易関連の側面に関する協定(TRIPS)　83, 85, 90, 148
超流通システム　191
著作権2.0　8, 10, 14, 18, 206, 217, 224
著作権管理団体　95, 192
著作権局(米国)　179, 190

著作権審議会　113, 131, 195
著作権保護期間延長法（CTEA）　169, 170, 173
著作権に関する世界知的所有権機関条約 → WIPO著作権条約
著作物の新しい技術的利用に関する全米委員会　113
通信の秘密　36
通信品位法　37
強い著作権像　215
デジタル・ミレニアム著作権法（DMCA）　30, 48, 50
デジタル権利管理（DRM）　105, 109, 192, 194, 213
データベース権　139, 142, 145, 147
『データベース指令評価報告』　140
データベースの法的保護に関する指令（データベース指令）　139, 142, 145
電子フロンティア財団　16
投資　140, 144, 148, 168
登録　176, 178, 192, 195, 197, 198, 225
ドーキンス、リチャード　55
独自の権利　139
読書する公衆　220
特許庁（各国）　125
トーバルズ、リーナス　164
トフラー、アルビン　205
取引の重要商品　42, 53
ドルフィー、エリック　64

ナ

内国民待遇　15, 76, 83, 126, 131
長尾真　220
中村草田男　231
ナップスター　20, 24, 31, 33, 34
日本学術会議　145, 219
ニマー、メルビル　116
『ネイチャー』　146, 157
ネットコム　29, 53
ネルソン、テッド　192
納本制度　178
ノージック、ロバート　22
ノーティス&テイクダウン　30, 36

ハ

バイオメド・セントラル　159
パーカー、ゴードン・ロイ　52, 54
ハーシー、ジョン　116
パートナー・プログラム（Pプログラム）　5
ハネウェル　128
ハーバード大学図書館　5
ハーバード大学出版会　161
パブメド・セントラル　158
パブリック・ドメイン　124, 162, 168, 172, 178
パブリック・ドメイン拡張法　179
バベルの図書館　218
バルトーク、ベラ　173
バーロウ、ジョン・ペリィ　16
パロディ　13, 185, 188
ビアス、アンブローズ　54
ビスク、ジェニファ　12
額に汗の理論　135, 137, 140, 145, 147, 148
ビッグ・ディール　155
ヒト・ゲノム計画（HGP）　143, 146
ビートルズ　35
ビーベ、バートン　187
表現／内容の二分法　66, 68, 122, 180
表現の自由　16, 51, 169, 180, 221, 225
ファイスト・パブリケーション　135, 138
ファイル交換　20, 24, 26, 27, 29, 31, 34, 40, 44, 65, 69, 86, 96, 175, 217
ファニング、ショーン　20

フェルテン、エドワード　50
フォークソノミー　219
複式簿記　114, 121
ブダペスト・オープン・アクセス・イニシアティブ（BOAI）　156
ブック・サーチ（グーグル・ブック・サーチ）　4, 6, 14, 15, 148, 217, 218
プライバシー　101
プライバシー侵害　99, 107
プライバシー保護　36
ブライヤー、ステファン　171
ブラッハ、オーレン　12
フリー・ソフトウェア　159, 162
フリー・ソフトウェア・ファンデーション　162
フリーネット　24
ブルームバーグ　142
ブレア、トニー　146
プログラム権　126, 129
プロシューマ　9, 205, 213, 214, 215, 216
プロスキン、エミリー　13
プロバイダ責任制限法　37
文化審議会　183, 195
文化庁　58, 129, 131
米国化学会　161
米国科学振興協会（AAAS）　144
米国憲法修正第一条　16, 51, 180
米国特許商標庁（PTO）　124, 128, 145, 191
米国レコード産業協会（RIAA）　50
ページランク　16, 221
ヘッチャー、スティーブン　13
ベルヌ条約　7, 8, 15 ,77, 83, 87, 88, 90, 114, 168, 178, 197, 200, 203, 216
変形の程度　13, 186, 188
ベンター、クレイグ　146
ベンヤミン、ヴァルター　117
法とコンピュータ学会　129
北米研究図書館協会（ARL）　155
保護期間　10, 23, 66, 76, 82, 139, 168, 173, 197, 204, 215, 225
補償金　100, 102, 104, 105, 107, 108, 161, 225
ポスト、デビッド　22
ポーター、コール　116
ポパー、カール　156
ボルヘス、ホルヘ・ルイス　218

マ

前川守　232
マグリット、ルネ　62
マコーリー、トマス　226
ミード　140
ミーム　56
ムーアの法則　88
無方式主義　66, 76, 79, 119, 161, 176, 177, 192, 197, 204, 208, 225
メタリカ　28
メリル・リンチ　128

ヤ

唯一のデータベース　143, 148
ユーゴー、ビクトル　202
『ユタ・ロー・レビュー』　196
ユーチューブ　208
ユナイテッド・エアライン　172
ユニバーサル・シティ・スタジオ（ユニバーサル）　42, 184
弱い著作権像　215

ラ

ライブラリ・プロジェクト（Lプロジェクト）　5
ラベル、モーリス　173

利己的な遺伝子　55
リード　141
リバース・エンジニアリング　163
龍澤武　220
利用／使用の二分法　69, 70
リリジャス・テクノロジ・センター　29
『ルカによる福音書』　200, 209
ルーラル・テレホン・サービス　135, 138
レクシス　140
レコード条約　84, 90
レッシグ、ローレンス　17, 23, 33, 55, 159, 194
ロスアラモス国立研究所　154
ローマ条約　83, 84, 89, 90

名和 小太郎（なわ　こたろう）
1931年生まれ。東京大学理学部物理学科卒業。工学博士。石油資源開発（地震探査法の開発）、旭化成工業（ロケット燃料の生産管理および情報システムの開発）、旭リサーチセンター（技術政策の調査）、新潟大学法学部（情報通信制度の研究）、関西大学総合情報学部（同）を経て、現在、情報セキュリティ大学院大学特別研究員。
著書に、『技術標準対知的所有権』（中央公論社）、『起業家エジソン』（朝日新聞社）、『学術情報と知的所有権』（東京大学出版会）、『情報の私有・共有・公有』（NTT出版）、『イノベーション　悪意なき嘘』（岩波書店）、『個人データ保護』（みすず書房）など多数。
http://www.nawa-k.info/

著作権2.0
ウェブ時代の文化発展をめざして　061

2010年7月1日　初版第1刷発行　定価はカバーに表示してあります

著　者　名和小太郎

発行者　軸屋真司
発行所　NTT出版株式会社
〒141-8654　東京都品川区上大崎3-1-1 JR東急目黒ビル
営業本部／TEL 03-5434-1010　FAX 03-5434-1008
出版本部／TEL 03-5434-1001　http://www.nttpub.co.jp
装　幀　吉田篤弘・吉田浩美
制作協力　高田明
印刷・製本　中央精版印刷株式会社

ISBN 978-4-7571-0285-9 C0036

NTT出版ライブラリー　レゾナント　刊行の辞

グローバル化・情報化の波が世界中を覆い、従来の常識、発想では解けない社会問題・現象が次々に起こっています。しかしながら、それらをトータルに理解し、変化する事態の奥にあるものを射抜く知恵、教養のつながりは、いまだ鮮明ではありません。

シリーズ名の「レゾナント」には、〝共鳴する、響きあう〟という意味が込められています。そして、人と人とが時間や距離を超えて出会い、響きあう、時間や距離を超えるコミュニケーション環境の創造こそが、社会の様々な問題解決につながるのではないかと考えました。

二一世紀の始まりにあたり、私たちは、大きな文明的転換期に遭遇し、いま新たに拠って立つべき基点をどこに持つべきか、また、つねに「変化」の波にさらされ続ける社会の未来像をいかに描くべきかを模索しています。

私たちは、現代から未来へ続く道を読者とともに探す、確かな未来をつくるために歴史の叡智に耳をすます、そんな未来志向の新しい教養を目指したいと思います。

このシリーズを通して、そのささやかな一歩を踏み出していきます。多くの読者のかたの共感と支援を心よりお願いいたします。

二〇〇四年十月